U0637667

世界智库译丛

货币、金融与实体经济
—— 问题究竟出在哪儿?

MONEY, FINANCE AND THE REAL ECONOMY:
What Went Wrong?

【法】安东·布朗代 弗洛朗丝·皮萨尼 埃米尔·加尼亚 ● 著

闫 屹 项慧玲 郑志丹 ● 译

中国社会科学出版社

图字：01－2016－11152 号

图书在版编目（CIP）数据

货币、金融与实体经济：问题究竟出在哪儿？／（法）布朗代
（Brender，A.），（法）皮萨尼（Pisani，F.），（法）加尼亚
（Gagna，E.）著；闫屹，项慧玲，郑志丹译．—北京：
中国社会科学出版社，2016.4（2018.5重印）
（世界智库译丛）
ISBN 978－7－5161－7944－4

Ⅰ.①货…　Ⅱ.①布…②皮…③加…④闫…⑤项…⑥郑…
Ⅲ.①欧元区—债务危机—研究　Ⅳ.①F835.059

中国版本图书馆 CIP 数据核字（2016）第 070433 号
ⓒ Editions La Découverte，Paris，2015

出 版 人　赵剑英
责任编辑　陈雅慧
责任校对　黎玲玲
责任印制　戴　宽

出　　版　中国社会科学出版社
社　　址　北京鼓楼西大街甲 158 号
邮　　编　100720
网　　址　http://www.csspw.cn
发 行 部　010－84083685
门 市 部　010－84029450
经　　销　新华书店及其他书店

印　　刷　北京君升印刷有限公司
装　　订　廊坊市广阳区广增装订厂
版　　次　2016 年 4 月第 1 版
印　　次　2018 年 5 月第 2 次印刷

开　　本　710×1000　1/16
印　　张　8.25
插　　页　2
字　　数　107 千字
定　　价　36.00 元

序

这是一本非常合乎时宜，但同时更是一本永不过时的书。

之所以说它合乎时宜，是由于本书的题材直指现今发达国家政策制定者所面临的核心问题，即在较高的债务水平下，如何通过非常规的货币政策措施和财政政策（但值得注意的是，在许多地方，财政政策仍然面临诸多约束）恢复经济增长。

之所以说它是永不过时的，是由于本书描绘了货币、金融和实体经济相互作用的方式以及国际资本流动如何带来风险，而在这些风险真正发生之前，我们通常无法识别它们。例如，2007—2008 年，当美国次级贷款危机发生的时候，全球金融危机爆发；而当希腊政府债务风险、西班牙债务风险和爱尔兰住宅建筑贷款风险发生的时候，欧洲金融危机爆发。

目前，在欧洲，相关政策的讨论主要集中在两个截然不同的议题上：其中较为特殊的议题是如何处理希腊债务问题，希腊新选举的政府甚至威胁它的欧洲伙伴要对债务违约；而另一个议题则是关于欧洲央行（European Central Bank）购买大量政府债券时货币政策和财政政策的交叉所导致的更为一般性的问题。

本书将对以上两个问题提出有益且深刻的见解。

希腊债务问题解释了金融危机之后风险是如何分布的，以及当风险链条从终极储蓄人（本书将以德国家庭作为代表性的例子）到终极借款人（希腊政府）发生断裂之后，将会发生什么？本书在检验作者自称为"货币约束"问题的时候，将进一步分析由于 ECB 资产扩张购买计划〔通常用经济术语表述为"量化宽松政策"（quantitative easing，缩写为 QE）〕所导致的更为一般性的问题。

　　本书描述了"货币约束"（monetary constraint）可能导致经济增长低于其潜在增长率的运行机制，进而为 ECB 的非常规政策提供支持。作者最后建议，在极端情况如危机状态下，ECB 可直接发放现金给家庭住户，从而刺激需求上升。是否需要采取如此不寻常的步骤，以及"缓解货币约束"的政策能否成功仍然有待观察。

丹尼尔·格罗（Daniel Gros）

欧洲政策研究中心 主管

2015 年 3 月

目　　录

专栏目录

前　言

几十年来，金融系统失效的现象已经屡见不鲜，并且其过度的金融行为也经常受到谴责［Aglietta & Rebérioux，2004］。然而，无论是危机的频率还是其不道德行为的规模都没有真正减弱。既然如此，为什么还要惊讶于许多人认为当今臃肿的金融系统存在令人担忧的堕落迹象？问题在于，即使是一个不健康的器官，它仍然要履行其职能，而金融系统的功能常常被那些金融系统过度行为的批判者和试图或多或少控制这些行为的人们所曲解。为此，自由市场的思想应该负主要责任，自由市场思想宣扬这样一种理念：将金融和市场交给其本身，那么我们的经济就可以通过"看不见的手"这一市场机制更好地分配储蓄。然而，循环于金融系统的货币和风险具有危险性，这一点是明确无误的。为了控制其破坏性（甚至是爆炸性）作用，必须将审慎性原则和经常性监督结合起来。最近的金融危机使大家开始意识到这一观点，但远未对金融机构所扮演的角色达到深刻理解的程度。对许多人来讲，金融在本质上更多地被认为是一个应当反抗的敌人，而并非是一个可以利用的工具。尽管如此，金融仍然在经济运行中扮演着非常重要的角色，一旦被忽略，后果将是非常严重的。无论是对孤立的个体经济，还是对整个世界经济而言，储蓄的分配、生产水平和经济的增长率全依赖于它。

有时候，我们倾向于忘记我们的经济是以货币为基础的。鉴于我们的消费需要以货币的形式进行结算，通过限制预期的交易价值，可以限制流通中的货币量，但也会制约我们的生产水平。从这一点上来看，从金属货币到银行货币（scriptural currency）的转变有着相当重大的进步。显然，货币约束将继续存在，但是可进行交易的货币数量却在不断地调整，以使有效生产能够提供充分就业。如今，银行贷款作为货币发行的来源，银行所需的仅仅是筹集发放贷款所必需的资金。显而易见，政府当局必须肩负起调节金融机构行为的任务。如果仅凭自己，银行无法获悉究竟需要多大的贷款规模，或者为什么不能超过这个贷款规模。央行的角色正是利用其权利，通过设定利率的方式，以保证银行所能够获得的贷款量正好满足充分就业的需要（第一章）。

由于央行的决策将影响金融机构所能提供的所有金融投资和贷款的报酬，其利率政策的变动将最终对实体经济产生影响，但实际影响远远没有其所被描述的那么大。与现在人们普遍的观点相反，利率的下调，既不能增加企业的借贷，也不能增加其投资，因此，企业的反应是相当弱的。而生产情况好转时，企业反而会新增借贷，扩大生产能力或者收购新的公司；当生产减速时，由此产生的金融泡沫也将破灭。与之形成鲜明对比的是，家庭对贷款的需求反而对利率的变动十分敏感，从本质上来讲，家庭借贷的速度将对经济的增长产生直接影响。跟许多发达国家一样，这种货币政策的传导模式并非没有任何后果。在很大程度上，家庭借钱是为了购买已经建成的房屋。这类借贷行为和购买行为必须在数量上成倍增长，冒着引发房价上涨的风险，才能对生产产生影响。这种"泡沫"的形成几乎全部是实施"正常"货币政策造成的（第二章）。

金融体系并非被动地传递利率政策的变化，也不是机械地回应对利率敏感的信贷需求者。授信意味着承担风险，金融机构的任务还包括对所要承担的风险进行评估。风险评估的信息能够帮助银行决定信贷供给，但是除此之外，银行没有任何产出。最终，这些信息的运用将对宏观经济的稳定运行起到决定性作用。

当银行承诺为一家工厂或者建筑的建设提供资金时，它必须为了完成该项目而保证未来存款资金的可用性和持续性。鉴于相当比例的家庭和企业借款是长期的，而储户将自有资金投资于金融机构，很少会冒险将投资设定那么长的期限，于是，贷款方不但需要确保资金有很大的概率能够被偿还，同时还要确保有足够的资金来发放这笔贷款。如果没有这种日常的金融活动信息的收集，以及金融机构基于这些信息做出的决策，央行会发现仅仅依靠利率政策很难在维持宏观经济均衡的同时保持经济增长（第三章）。

但金融系统的活动并非仅限于贷款的分配。一旦这些贷款到位，也意味着与贷款相关联的风险开始传播和循环。至少在一段时间内，这一可能性将减少风险厌恶者为金融供给带来的障碍，它同时还将使准备承受风险的人们直面各种风险。债券和股票市场一直是风险产生和流通的场所，而资产证券化以及金融衍生品的创新进一步拓展了风险的传播范围，而结果却是金融系统的抗风险能力得到加强。大量的与储蓄积累相关的风险可从传统金融机构的资产负债表（balance sheets）中移除，并由影子银行体系（shadow banking system）的风险承担者来承担。但是与银行不同，影子银行体系不能发行货币。为了承担风险，影子银行的参与者只能借款，这也是金融系统脆弱性的一个新根源。如果未来它们接受到的贷款被榨干，那么系统的稳定性也将受到威胁。从2008年的状况来看，由于缺少政府当局作为风险承担者的替代方，一旦金融系统的稳定性被破坏，将很难恢复（第四章）。

几十年来，每个经济体内部都形成了自己的"融资渠道"，从借款方，经由风险承担者，再到金融资本提供者，不断地运行着。这些渠道的本质、运行方式和容量根据国家的不同而不同。尤其是在新兴地区，这些渠道还较为初级，但在一些发达国家，特别是向家庭直接融资的地区，这些渠道有着强大的吞吐量。从21世纪初开始，贸易和金融的开放使得存在大储户的国家至少在一定时期内减轻了由于货币约束所导致的经济增长衰退：在美国或西班牙获得的住房抵押贷款刺激了中国或德国储蓄的形成。这种依靠少数国家融资渠道和借款的肆无忌惮的货币全球化，导致了储蓄的巨大浪费。从这一事件中可吸取的教训是很清楚的。今天的经济体能够产生的储蓄远远高于其吸收能力，这将使世界经济有陷入"长期增长停滞"（secular stagnation）的深渊[Summers，2014]的风险。为了应对这一风险，有必要建立新的融资渠道，从而为本已超负荷运转的融资渠道减负，并引导可用资金流入急需投资且还未被资助的领域。新融资渠道的实现有赖于政府部门为其奠定坚实的基础（第五章）。

第一章　货币约束

在现代经济中，金融活动和货币之间存在着密切的联系。然而，长期以来，人们在经济分析中常常忽略了这种联系。如今，还在不时应用的所谓的"二叉树"方法将决定充分就业所需资源的相对价格机制与一般价格水平分离开来，而后者常常被认为是可用的货币资金总量的函数。货币与现实的分离使得货币仅仅成为"以货易货"的一层"面纱"。从这个意义上来讲，货币对实体经济不会产生任何影响，而仅会影响一般价格水平。这种方法忽略了实体经济功能的基本面，事实上，过去几个世纪以来，货币已经成为贸易活动中必不可少的中介，持有现金不仅是为了现金拥有者自身的利益，还在于交易本身必须用货币来结算。因此，流通中的货币数量可能不足以解决充分就业所隐含的交易总量。由于货币的确仅仅是一层面纱，一般价格水平必须具有一定的灵活性以及与可用货币总量相适应的调节能力，否则，生产活动就会被约束。鉴于许多价格，尤其是劳动力价格具有下跌刚性，这一约束会更大。由于所有价格水平无法调整到与实际可用的货币数量相符，价格刚性，即使是暂时的，也会使得生产水平维持在低于充分就业水平。

借助"银行货币"（由银行发行），先是放松，进而打破可用的货币数量与地下开采的货币金属数量之间的联系，标志着经济发展到一个重要的阶段。但是即便如此，也无法解除货币约束。它仅仅意味着无论交易性质如何，都将所涉及资金从一个银行账户转移到另一个账户，而并非是将钱币从一人之手转到他人之手。当然，主要的区别在于如今货币的可用数量取决于银行的借款数量，因而，货币数量是可调整的。这一重大转变也带来新的风险，即货币超额发行导致价格上涨的风险。近几十年来，金融主管当局似乎已学会了控制这种风险。

第一节　货币约束的运行机制

为了便于讨论，我们假定一个虚构的村庄作为独立的经济体，在那儿唯一的货币就是从现今已然枯竭的矿井中开采的黄金，货币以不同重量的金币的形式流通。所有商品和服务的生产与交换的价格均以黄金的重量进行度量。经过一段时间的反复实践，商品和服务的交换价格达到均衡。自此，价格不再变动，社会达到充分就业状态，生产和贸易只是月复一月地重复。在交易中，我们仅考虑商品和服务，假定每个月所有村民将其全部收入都用于消费，并且没有任何金融交易发生。流通中黄金的数量 M 能够执行全部交易（假如交易额为 T，以黄金价值表示），村民每月所获得的收入为 Y（以黄金价值表示）。尽管这个例子非常简单，但这个经济体确实是一个货币经济：不存在任何形式的易货交易，对于任何一桩交易而言，买方必须拥有足量的黄金用于结算。月复一月，每位村民都将他们获得的收入用于消费，流通中的黄金在任何时候都不会在任何人的口袋中作过多停留，即使他刚刚收到报酬且还没有将之用于支付结算。

假如在一个黑暗的冬天夜晚，一群山贼洗劫了所有村民，第二天早晨将会发生什么？由于抢劫导致的巨变使得货币缺乏，这个经济体无法再作为货币经济继续运行，交易将不再发生。那些有一定原料存货的人们还可以继续生产一些时日，但是由于产品无法出售，整个市场经济生产将会陷入停滞。没有货币，货币经济将无法正常运行。

以这个显著的事实作为出发点，我们现在就可以定义一个在经济中起着核心作用的概念，即货币周转率（the velocity of circulation of money）。假如某些追击抢匪的村民发现了抢匪在匆忙逃跑过程中所丢弃的一袋黄金，他们打算将这些被盗的金币送还给附近的邻居。假如金币的总量为 m，如今交易可以恢复，假定价格恢复到抢劫发生以前的普遍水平，刚刚失而复得金币的少数享有特权的村民可以像往常一样进行日常采购。相应地，他们的供应商现在有了资金，至少能够部分地执行往常的交易，以此类推。随着时间的推移，重新取回的货币将以此方式进行循环。月底的时候，货币循环可能使得交易额度达到 t，价值仍然以黄金重量进行度量，比率 t/m 则代表了经济中货币的循环速率 v：在给定的月份中，质量为 m 的黄金所能允许的最大交易量为 vm。这个速率表明一克黄金平均每月的转手次数，为了说明它只是一个纯"技术性"的量级，我们这里以准实验的方式对它进行定义。① 在实践中，它取决于村庄的地理位置、货币在其中流通的难易程度、交易的频率、交易网络结构，等等。

在速度既定的条件下，找回的那袋金子所能产生的交易并不能使该村庄达到实现充分就业的经济水平。由于充分就业所决定的所有交易只能通过小于总量 M 的货币进行交易，因此交易过程中的价格就应当适当下调。假定交易的物价指数为 p，袭击之前这一指数等于 1，如今这一指数必须降低，进而允许质量为 m 的黄金用来完成与先前习惯相同的总的交易量，这意味着 $p = m/M$。如果确实下调了价格，并且村民能够很明智地将追回的金币按居民个人损失等比例返还，他们将回到袭击以前的水平，所有的现金将具有等价的购买力，尽管损失了部分的库存黄金，但是村民的生活还将恢复到以前的正常状态。但是值得注意的

① 在现实中，因为并非所有村民都进行相同的交易，这种情景需要进行大量的重复，以获得观测的平均速度，进而得到想要的结果。

是，如果并非所有的价格都下降到其所需的比例，现金余额的不足会使得社会经济水平低于其充分就业水平。

然而，劫掠并非是导致这一状况产生的唯一因素。现在，我们就将村民的金币恢复原状，继续检验另一种新的情形。假定技术进步使得产出全面统一地上升了一个固定的比例 y，并且所有村民的收入、购买商品和服务的总量也等比例地上涨了 y：当达到贸易均衡时，经济的扩张并不会导致商品和服务的相对价格变动。但是，若所有价格并没有变动时将会发生什么？货币约束将再一次发挥作用。假定技术进步没有对货币流通速率进行任何修正，可用黄金的数量 M 使得每月交易总价值不超过 Mv：即收入 Y 所生成交易量不能超过先前的收入水平。如果村民想要享受技术进步带来的所有好处，那么他们可处置的黄金总量也必须以同样的比率增加。如果无法实现同步增长，可用资本数量的不足将会抑制经济增长。保持经济增长的唯一途径只有价格也随 y 降低同一比率。

我们再来考虑一个终极的情形：村民找回了所有金币，从此村民的经济活动又恢复了往日的重复状态。出于慎重考虑，现在他们突然决定每月从收入中留出 s 比例的金币。以黄金价值来衡量，每人的花费和收入以相同的比例减少；按实值来计算，这个经济体的充分就业均衡无法再进行修正，因为每个村民像之前一样既可以生产相同的商品又可以从其他人处购买相同的商品，唯一不同的是他们决定留存少量的黄金用于其他目的。每月都有总量 Ys 的货币贮藏起来，退出流通，由此，货币约束重新浮现。如果整体价格水平月复一月地持续降低，那么流通中的货币购买力才能够保持不变，而达到充分就业均衡水平点的交易总量也才能维持。但是，如果一般价格水平未能持续降低，随着流通中货币总量的递减，生产水平不得不随之递减：每月初，由于无法完成结算，上一个月完成的部分交易将不可能再发生，经济也将渐渐地与充分就业水平背道而驰。若要避免上述现象发生，只能有奇迹出现，即我们必须每月将等量的货币发放给村民，用于补偿其囤积起来的那部分货币。

我们一眼便可从上述"实验"得到一个简单但却稳健的经验教训。仅仅 15 年以前，在一些主要的经济体中，货币政策仍然受到管控。如果价格具有下跌刚性，为了补偿出于贮藏目的而被冻结起来且不再参加流通的那部分货币，货币的总发行量就必须随着交易总量的增加而增加。除非货币总供应量的增加，否则经济将无法达到充分就业水平，更不用说经济的扩张将会受到抑制。当实行金属货币本位制时，这种约束是非常有效的。在新世界发现黄金之后开始的重商主义政策便是以此直观推理为基础的。贸易顺差和海盗行为是没有金矿的国家获得发展所需黄金的最好方法。这一推理同样可以解释，在更早的时期，为什么伊斯兰教禁止囤积贵金属，而在当时，贵金属是阿拉伯部落的主要资源。

第二节 货币约束的缓解

很久以前，在经济中流通的货币早已不再是金属的实物，而是"银行的"账面记录，每个人持有的仅仅是银行存款，并将之用于交易结算。事实上，这些账面记录取代金属货币并没有改变货币约束的运作方式：如今，假如购买者没有足量的资金用于支付和结算，他也和以前一样无法进行交易。此外，货币约束在决定生产水平中的作用并没有减弱。唯一改变的仅仅是决定交易价值的不再是金属货币的充裕或者缺乏，而是银行发放贷款的金额，它也决定了可用存款的数量。然而，这一改变确实带来了一个前所未有的可能性，即货币的创造速度可以根据经济的需要随时调整。

现在我们来想象一下，有一天我们的村民决定从今以后由一家银行来持有存款账户，每个人均将他们手中的金币移交给银行，他的账户被认为存入等价的"黄金欧元"。从现在起，一克黄金的价值将与 1 黄金欧元相等，所有价格都将以这一等值比例度量。为了简单起见，假定账面货币的流通速率保持不变（交易仍将像先前一样进行，但现在开发一个新的系统，与先前金属货币易手时不同，我们允许卖方现金账户贷记，而买方账户允许借记），交易便可在没有任何改变的条件下按照与先前相同的方式继续重复进行。将金属货币替代为以信用为基础的货币，不过是在决定生产水平方面更加灵活了而已。如果需要，通过信贷分配注入额外的货币量进入流通领域，可以有效地补偿由于价格下跌刚性对生产造成的约束影响。一旦初始转换完成，银行决定通过这样或那样的方式切断银行贷款额与其黄金储备量的联系则成为可能。这种脱节有着严重的后果，为了防止信贷分配额度过高，村民需要有足够的智慧来创造一个拥有约束商业银行权力的监管机构。

让我们回到先前假设的案例，村庄的经济扩张受到金属货币匮乏或者黄金贮藏的阻碍。假如村民已经准备好借款，银行就可以通过信贷毫无困难地增加其可用存款。当银行发放贷款的时候，这笔信贷将记入受益人的会计账户，而受益人增加的有效存款可用于交易结算。此时，现金余额可以随着潜在产出的增长而增加。要使上述过程成为现实，银行必须借给每位村民所需的现金以满足他们的消费同步增长。类似地，如果现有的部分存款不再用于交易结算，而是搁置在银行（储蓄账户）里，那么银行通过授予额外的信贷额度就可以创造出额外的用于消费的活期存款，反之则不然。银行的资产负债表如下表所示：

银行资产负债表

资产	负债
黄金	活期存款
贷款	储蓄账户

假如经济产出的增长率为 y，每期村民都将 s 比例的收入作为储蓄留存，而银行如果想保证充分就业水平（在价格水平保持不变的条件下），每期必须授予一定量的贷款使得现金存款账户——货币供应——足以完成充分就业状态下的交易结算。这些贷款的总量应当等于 $yM_{t-1} + s\overline{Y_t}$，其中 M_{t-1} 为上期末的可用货币供给，$\overline{Y_t}$ 为本期充分就业水平下的收入（如表 1 所示）。现在，货币的总量变得有弹性了［Schlichter，2011］，能够满足交易平衡的增长，并与之相适应。

然而，这一灵活性也导致了一个前所未有的问题：如果我们的村庄银行发行的贷款额度大于我们刚刚计算的额度将会发生什么？当价格保持不变时，村民的实际消费能力将会超过经济的生产能力，因此，将会对交易价格产生上行压力，上文所定义的物价指数 p 将会上升。如果他们不希望通货膨胀发生，那么村民就必须迫使他们的银行遵守一个简单的规则，即货币供给（这里定义为全部未偿还的现金账户存款）的增长速度不能超过充分就业条件下的交易量（可能会随着价格的急剧上升而增加）。

表1　　　　　　　　从上期到下期银行资产负债表的变动

资产的变动	负债的变动
贷款 $yM_{t-1} + s\overline{Y_t}$	活期存款 yM_{t-1} 储蓄账户 $s\overline{Y_t}$

这个规则显然是货币主义的，但其微观经济学基础仍然是凯恩斯分析［Clower，1967］，这两种方法的区别在于关注焦点变量的选择。对于凯恩斯来说，关键并非是货币总量的变化，而是有效需求，即通过减少流通中的货币总量而产生的储蓄

（换句话说，储蓄就是收入中没有用于消费的那部分）抑制了有效需求，进而导致生产下降。由于借贷使得消费者在没有收益的情况下可以提前进行消费结算，通过贷款来刺激并补偿被抑制的这部分消费就显得尤为重要了。通过在流通中注入资金，就可以缓解对消费（后来被称为自发消费）的约束，反之则会抑制有效需求。

让我们再次回到刚才讨论的情况，我们的村民决定将其总收入的 s 比例放置到其存款账户，并且技术进步使得村庄的产出增长率为 y。现在我们假设没有人再从银行进行借款，那么事实上生产也将萎缩，并不再以 y 的速率进行增长。随着时光的流逝，部分现金存款将移入储蓄账户，交易可用的现金数量也将减少。然后一切都将如我们先前所描述的那样进行，即部分金币定期地退出流通，生产水平将会低迷，而增长也将萎缩。两者的区别在于，当金银作为货币流通时，能够使经济摆脱不利情形的方法只有降低价格；而以信用为基础的货币流通时，则可以通过额外的"自发消费"使经济好转。

当村民每期均将 $s\overline{Y}_t$ 的收入存入储蓄账户时，为了使经济能够以 y 的速率增长，一些村民（可能全部村民集体地）必须每期向银行借入 $yM_{t-1} + s\overline{Y}_t$ 的资金以满足消费需求。假设 σ 为村民收入的漏出比例，即用于储蓄，而非消费的那部分[①]，$\overline{Y}_t$ 为当期村庄充分就业时的产出水平，如果自发消费 I_t 等于由银行提供的贷款即 $I_t = \sigma \overline{Y}_t$，则经济将处于充分就业状态，这个关系正是传统的凯恩斯"乘数理论"。

要理解这一点，我们假设村民可以通过购买资本商品来进行投资，我们进一步假设所有投资（并且只有这些投资）都是从银行获得的贷款。上述等式表明为了保持经济处于充分就业状

---

① 我们可以得到 $\sigma = (yM_{t-1} + s\overline{Y}_t)/Y_t$。

态，投资支出必须等于充分就业时村民的储蓄额；如果投资支出小于这一额度则无法达到充分就业状态。由于收入减少，村民将减少储蓄，进而调整投资支出水平。如果假定 σ 不变，货币约束的存在使得投资支出和收入水平之间建立以下关系：$Y_t = (1/\sigma)I_t$。

　　然而，为达到传统表述的"乘数"，必须设定一定数量的限制性假设，特别是储蓄被视为等同于存款（以一种或另一种形式存在），资本投资等同于银行借款。现实中，货币约束中的乘数不应当以储蓄倾向的形式计算，而是以对"银行系统的累积债权"的形式计算（accumulate claims on the banking system）[Denizet，1969]。正是这种累积（而不是储蓄本身）抑制了有效需求，因为它冻结了用于执行与充分就业相关的交易的支付手段。如果储蓄者用他的存款资助一栋大楼的建设，或者用来购买一部机器，情况将变得不同，收入中未消费的用于"自筹投资"的部分将不被冻结在储蓄账户中，而是用于消费。从货币流通的角度来看，支出是用于消费还是资本投资是无关紧要的！同样地，假如我们现在可以支配一个更为复杂的金融系统，如果村民未消费部分的收入没有交给银行保管，而是用于购买证券或者交给其他的金融机构（比如保险公司），甚至是借给其他村民，那么货币循环将不会被中断。所必须满足的仅仅是上述证券的卖方、金融机构或者村民将这些资金消费掉（或者把这些资金借给能够消费掉它的人），而不是继续向银行系统宣称累积债权。但是，像其他交易一样，这些金融交易并非立刻发生或者涉及额外的交易余额需求，而这些需求则必须要额外的银行借贷支撑。

　　凯恩斯主义者和货币主义者的微观分析基础可能是相同的，但他们的哲学基础却可能并不相同。货币主义的倡导者通常对经济的功能持有自由开放的态度，他们认为交易和产出的扩张是市场力量作用的结果，只要注意货币供给增长率的调节就可以放心地将市场自行运作。从中长期来看，奉行上述规则将体现名义锚的演化：交易价值的持续增长不会比完成交易可用的现金余额增长更快，这一锚定作用将保护经济免受由于使用"弹性"货币所可能导致的通胀风险。凯恩斯并不认同市场经济的这种积极功能。他认为在某些情形下，市场失灵时有发生。这种情况是由于私人部门的消费不足以维持充分就业的经济状态：为了修复这一状况，增加政府的消费偏好（通过扩大预算赤字或者减少盈余）将变得十分必要。事实上，许多人仍然将那些仅仅旨在通过积极的"财政刺激"促进生产的政策认作"凯恩斯主义的"（比如蓄意破坏财政收支平衡），这些都是可以理解的，因为凯恩斯（Keynes）［1937］的货币政策并不是以经济周期调节为目的的。然而，仔细观察我们发现，货币政策试图通过调节生产节奏以使得经济尽可能地符合潜在扩张能力，这完全符合凯恩斯的逻辑。当有效需求水平有可能低于潜在产出时，通过降低利率，央行试图鼓励金融投资以及刺激借贷以触发额外的私人支出。相反，如果有效需求可能超过经济生产能力时，央行将试图提高利率来遏制消费的上升。

从金属货币到银行货币的转变未能改变货币约束机制。但是，通过银行信贷影响货币的发行，赋予了银行调控实体经济的核心作用。这一转变还有另一个值得注意的结果，由于黄金不再流通，持有黄金不能为任何人融资。银行的存款不同于黄金，存款为借款融资，因为有借款才会有存款，两者是对应的。由于生产的扩张必须伴随可用的交易货币量的同步扩张，并且通常产生各种支付手段，银行确实是一个特别强大的发明创造。通过预测所需的货币，而这一预测通常倾向于增加货币量，银行可以提供融资。黄金满足不了发展的需要，相反地，对银行存款的需求却可以刺激增长。然而，未来储蓄增长的可能性会导致银行滥用其权力。通过赋予政府当局调节货币发行的任务来进行干预，是避免上述现象发生的唯一方法。

第三节　从一个规则到另一个规则

货币主义规则——要求货币供给的增加必须与潜在产出一致——是有吸引力的。通过给可用于交易的货币量一个明确的参考值，可以使银行货币看起来更像是金属货币的延伸。如果政府当局运用这一规则，货币总量的确会以某一比率增加，但是这一特定比率也约束了交易价值的自由变化。货币供应量的增加将允许充分就业状态下潜在产出扩张，同时抑制物价水平过度上升的倾向。但这一规则实行起来并非是毫无困难的，德国已经实施了几十年的货币"供应量目标"经验也表明了这一点。

鉴于德国对通胀风险的厌恶程度特别强烈，随着固定汇率制度的解体，德国央行在 20 世纪 70 年代初便相当迅速地采纳的货币政策，其灵感正是来源于我们上段所定义的规则。对于银行而言，德国银行系统的资产负债表跟我们村庄银行的简单的资产负债表看起来特别相似，负债方衡量了德国银行发行的货币总量，而且与它们资产方中贷款相对应（随着时间推移，黄金的作用越来越小）。发行的货币中有些部分（与上文所定义的变量 s 相对应），被冻结在储蓄账户中不再流通，用银行的术语来讲，这种"长期的"储蓄比较晦涩难懂，总的来看，可以将之明确地标注为"货币资本形成"（Geldkapitalbildung）。所发行货币的其余部分构成了货币供给，换句话说，即用于交易结算的存款总额（与我们村庄银行的活期存款相对应）。如果潜在产出以 y 的速度增长，并且与产出相关的交易量的增长率保持同样水平，则货币供给必须以同样的速率 y 增长。如果在同一时间内，价格上升为 $\dot{p}$，即使这一价格变动并非我们想要得到的（但至少是可以接受的），我们也必须将其纳入考量，因此货币供给的目标增长率变为 $\dot{y}+\dot{p}$，等于名义充分就业产出增长率。正是这一规则从 20 世纪 80 年代末到欧元的产生期间，指导了德国央行的政策：它每年为自己设定一个货币供给增长的目标作为实现物价稳定终极目标（实践中，为被遏制的上升趋势）的中间目标。

然而，给设定目标所涉及的不同变量赋值并没有看起来那么简单［Baltensperger，1998 and Richter，1998］。在价格上涨可接受的（也可表述为"不可避免的"）情况下，这当然并不难。德国央行的首要任务是确保物价稳定，而与物价稳定相匹配的通胀水平到底应该多高也是由央行来决定的，从 20 世纪 80 年代中期开始，这一比率一直是 2%。评估潜在产出的增长率已经非常复杂：最常见的预测是对过去趋势的推算。第一个真正的困难是推测交易余额需求，正如我们已经看到的，这种需求并不仅仅与经济增值（GDP）相关，而且与使得产出和利用这一增值的交易总量相关。显然，这不仅包含投资报酬，还涵盖了所有生产"要素"（工资、租金、税收和红利等），正是这些生产要素使得产品价值的增值在消费以前可以用来分享和重新分配。上述交易直接与"国民收入"的形成和利用有关，而有些交易，比如房地产和金融资产的交易与国民收入的直接联系则不那么密切。我们也需要支付货币来获得房产和有价证券，这些对货币的额外需求增加了这些交易的价值。

将货币目标和 GDP 自身的名义增长率连接起来的一个隐含假设，是所有涉及的交易的价值均以相同的平均速率变动。开始时，货币总供给处于最初的理想状态，货币供给随着 GDP 价值同步增长，使得经济能够长期支配所需的交易余额。但这一假设可能过于鲁莽。例如，如果房地产价值或者金融交易的增长速度高于 GDP 的增速，那么交易余额的需求也将以更快的速度增长。如果货币目标事实上已经达到，货币政策实施所受的约束事后证明可能比预想更多，货币供给随着预期 GDP 的价值而增加，可能会被房地产或者金融交易价格的增加而部分抵消掉。

此外，还有一个更深层次的困难，一旦确定增长目标，如何定义应用中的"货币供给"？我们绘制一条穿过村庄银行资产负债表负债方的直线，将负债分为经常账户存款和储蓄账户，同时假设通过在上述两类金融投资之间进行选择，村民明确地传递了他们打算如何来使用其货币的信号。发达国家的银行系统为储户提供了一个更广范围的存款、储蓄账户或者拥有不同到期日和流动性的有价证券。在德国，储户比较偏爱固定收益和相对无风险的投资，这个范围尤其广阔。确定在哪里画线将负债划分为"货币资本形式"（放在床垫下的钱）和其他货币（持有货币用于处理即将到来的花销）则演变成一个判断问题。储蓄存款和交易余额之间的界线并不清楚却可以定义不同的货币供应总量，它们在工具和速度上有差异，据此分类的资产可以成为支付手段。从 20 世纪 80 年代末开始，德国央行①采用的 M3 货币总量包括期限不超过四年的定期存款、三个月的通知储蓄存款和短期银行债务证券，但纸币除外。这种形式的"货币供应量"显然不只包括交易余额（其中一些投资必然是储蓄存款），但是，从中期的角度来看，这一总量可以反映德国的部门在未来几年期望达成的交易。

把交易价值的增长只与名义 GDP 的增长联系起来，同时用 M3 这样一个宽泛的总量来定义货币量会有一定的后果："流通速率"是名义 GDP 除以 M3 得到的，它不再具有"技术性"的特点，而变成由两个宏观经济量之间的比值所定义的表观速率。这一速率的变动不再仅仅是交易网络和支付系统演变的结果，而且近似地反映了定义它的分子和分母的本质。如果金融交易价值的上升明显快于 GDP（因为股票市场价格上升速度快于 GDP 价格或者金融交易量远高于实际产出），这个货币循环的表观速率将下降，如果以储蓄为目的的投资所占 M3 的比例具有上升趋势，那么货币循环的表观速率也将下降。为了将这些演化和结算

---

① 1987 年之前，德国央行采用的货币总量并非 M3，而是央行发行的货币存量，除流通中的现钞外，包括强制性准备金存款、维持 1974 年 1 月的储备金系数估计值。

技术纳入考量，德国央行决定将流通速率的预期变动目标计入计算结果。在考虑潜在产出的情形下，银行再次通过对过去趋势的推测，并考虑到速率的规律性下跌，将这一数值从最初的年率0.5%提升为1%。

虽然德国央行在维持价格稳定方面是非常成功的，然而它的货币"规则"对其成功的贡献却是非常模糊的。在德国，实际上是在任何一个国家，中央银行都无法决定货币供应的增长，货币供应增长只能是一个中期目标，它取决于各个银行以及总体经济对中央银行能够实施的决定（即对银行系统，尤其是政策利率水平施加的限制）做出的反应。直到20世纪90年代末，央行要求银行将与其存款或储蓄账户成比例的存款准备金包含在M3中，并在它们的负债中有所体现。为了获得这些准备金，银行将它们所放出的部分贷款折现①给中央银行（专栏1）。由德国央行设定的折现率起到了至关重要的作用：当折现率上升时，银行资金的成本将增加，贷款的成本通常跟着增加（同样，折现率的降低将导致银行借款成本的降低）。

专栏1　基础货币或中央银行货币

银行有创造货币的权力。然而，由于货币当局——中央银行的存在，这种权力是有限的，只有中央银行才能发行货币，银行不得不接受。这种基础货币由被私人部门用于日常交易的纸币以及银行在中央银行的存款（见下文简化了的资产负债表）构成。银行利用这些存款（它们的储备）进行相互之间的交易结算以及与中央银行的交易结算，后者"维持它们的账户"（这些账户不能出现赤字），它们的信贷总额被其用作交易

---

① "折现"就是以低于其面值的价格出售未到期的贷款。这样做的话，买方对卖方的预付款将在贷款到期时得到补偿，这一预付款的利率被称作折现率。

余额。

如果银行对纸币的需求以及同业结算通常与生产同步增加，那么它们对"中央银行货币"的需求与生产同步增加，并且银行对持有货币的持续需求只增不减。除了这一"技术性"的需求，在某种情形下，有些中央银行要求每家银行履行法律义务，要持有一定量的"强制准备金"，这个准备金的数量为每家银行所吸收的存款的一定比例。如果某家银行准备金短缺，它可以在银行间市场向拥有多余准备金的银行借入资金或者直接向央行借款。

简化了的央行资产负债表

资产	负债	
外汇储备	流通中的纸币	
	银行准备金	
信贷机构借款	——强制的	基础货币
	——超量的	
有价证券	财政存款	

为了调控信贷分配，中央银行可以同时管理发行货币的数量和价格。在 20 世纪 70 年代末，美联储主席保罗·沃克尔（Paul Volcker）采取了一项控制基础货币的措施，这一措施引起了同业拆借利率波动加剧，水平上升，信贷分配来了个急刹车，经济生产萎缩。1982 年的经济衰退迫使美联储不得不放弃这一政策。如今，大多数央行倾向于利用它们的货币的价格，即政策利率。货币当局通过调整中央银行的货币供应，使银行间利率接近其政策利率，它们可以采取各种工具来达到这一目的。它可以在债券市场购买证券（所谓的"公开市场操作"），或者购买即将到期的银行票据（"贴现操作"），也可以通过接受极端的担保债权作为抵押品，从而发放贷款；这些再融资操作（称为"回购"）是

如今欧洲央行（ECB）所采取的类型，它们的利率也被当做是银行的政策利率。

央行通过调整它们的干预量并使之与其所认为的必需量保持一致，并使商业银行满足对纸币以及准备金的需求。如果这个数量最终是不足的，银行同业拆借市场利率将会上升，然后，央行可能增加它的供给。反之，它可以允许银行流动性达到最大的短缺，进而使得银行间借贷利率大幅提高，并对银行间市场利率设置上限。值得注意的是，银行不用持有大量的中央银行货币就可以实现这一利率目标［Pollin，2005］。这种情况下，例如，2007 年危机之前，美国的强制准备金规模（不包括纸币①）仅为 100 亿美元左右，而超量准备金则非常小（在 1 美元到 20 亿美元范围内）。

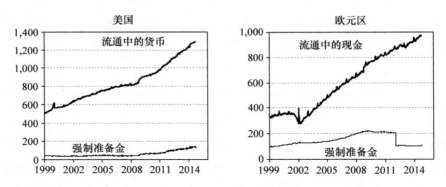

图 1　1999—2014 年美国、欧元区的强制准备金和纸币（10 亿，各自货币流通量）
资料来源：欧洲央行和美联储（European Central Bank and Federal Reserve）。

强制准备金的规模是央行可支配的另外一个工具，使得央行能够调节银行货币需求。然而，实践中，许多国家强制准备金的计算基础和比率鲜有修正。如今，这些准备金是维持隔夜银行间

---

① 与欧元区的局势不同，2007 年危机之前，美国商业银行所持有的纸币被列入强制准备金，并占所有准备金总量的 80% 左右。

市场利率①稳定的首要方法，银行经常不得不在一定时期内保持其准备金处于"平均水平"。在这段时间内，假如银行符合一定时期内平均准备金的要求，那么，它们的准备金数量可以每天发生变化。此外，建立在平均基础之上的"更高"水平的准备金（例如，显著超过银行所需的交易余额）则构成了一个额外"缓冲"，使银行能够缓解临时压力。值得注意的是，有些央行并不实行强制准备金政策，特别是澳大利亚、新西兰和英格兰的中央银行就属于这种情况。如果这些中央银行希望避免银行间市场利率过度波动，它们就需要不断地在货币市场发挥作用。

但是，货币总供给的演变不仅仅取决于银行贷款的分配方式如何受借贷成本的影响，它同样取决于"货币资本形成"的变化（即前面所提到的变量 s），在发放贷款的同时，使得部分所发行的货币从 M3 里剥离出来。不管如何对货币供给的演变进行定义，它都不会自动与政策利率联系起来。因此，要评估货币目标法（monetary targeting）在德国中央银行政策执行中的作用，就要探究观测到的货币供应的变化与为其设定的目标之间的差距如何反过来影响央行的决定，特别是其利率的变动。一些研究表明，这种影响在最优的状况下将是微弱的［Clausen & Meier，2005］。自 20 世纪 80 年代末以来，很容易发现，如果银行不是尝试纠正其历史过度行为，其设定的目标很容易超过得到的结果（尽管它的定义相对比较宽）。

德国中央银行对"货币的数量"和流通速率缺少影响，解释了为何其极度"无限制"地实施货币主义政策。它一直希望以中期的视角来判断货币供给的变化，它发现这很容易阐明，尽管事实上，货币目标的设定为一年一次。在短期内，分析 M3 的

---

① 长期以来，强制存款准备金的规定一直被看做是对储户的保护手段，用于减轻银行失败后所可能导致的危害（比如这些准备金可用来应对银行挤兑）。直到 1931 年，伴随着经常性银行恐慌的发生，人们才了解到实践中这些规定在保证银行的流动性方面的局限性［Feinman，1993］。

决定因素帮助我们了解（并向公众解释）导致观测到的货币供给与我们想要的结果之间产生偏差的原因。货币目标法与其说是决策规则，倒不如说是纪律因素和沟通工具。事实上，月复一月，德国央行对于政策利率水平的设置更多地体现了"凯恩斯主义"的逻辑：无论是好的还是坏的年景，中央银行都在试图防止潜在产出和有效需求之间产生较大的缺口。通过这种方式，它与其他中央银行的表现多少有些相像，这些央行的目标是更加明确、对称的（其方法很少表现为明确的货币主义）——特别是美联储。

随着时间的推移，货币不再盯住黄金（或者盯住某种储备货币）的中央银行采取了相对较为近似的行为，"泰勒规则"（Taylor's rule）对其进行了较好的概括。这一规则不再提及货币总量的演变①，可以将其简单地描述为中央银行如何调整实际的政策利率水平，使其作为实际观测到的通货膨胀和目标通胀之间差额的函数，同时也是实际生产水平和相应的充分就业水平之间差异的函数。通过调整政策利率对上述两种缺口响应，中央银行希望能够在保持生产水平尽可能与其充分就业水平一致的同时避免通货膨胀与其目标之间出现持续性的缺口（专栏2）。只是这一次，这一规则直接指向中央银行所做的决策（告知央行如何运用其利率政策），而不涉及中间目标。即便如此，它也未能解决前面提出的一些信息问题：特别是查明潜在的产出水平（或是实际观测到的产出水平）对货币政策制定者来说是一个持久不变的问题。从20世纪90年代初到2007年，出现在美国和其他发达国家的"大缓和"（Great Moderation）（换句话说，遏制住通胀的稳定增长时期），至少在一定时期表明了这一规则在商业管理周期上的明显效果。

---

① 泰勒（Taylor）［1998］表明该假设下的规则可以通过上面所描述的定量方法得到。

专栏 2 泰勒和相关规则

"泰勒规则"（Taylor's rule）被看做是实施货币政策的指南。它描述了当通胀与其目标值或者产出与其潜在能力背道而驰时，中央银行如何调整其利率政策。泰勒（Taylor）［1993］提出以下规则：

$$i = \bar{r} + \pi + 0.5y + 0.5(\pi - \bar{\pi})$$

其中，i 为关键利率；$\bar{r}$ 为实际的短期均衡利率；π 为通胀率；$\bar{\pi}$ 为中央银行的目标通胀率；y 为实际 GDP 观测值与潜在 GDP 的缺口。

上述规则表明如果 GDP 超过其潜在水平（$y > 0$）或者通胀水平高于其目标值（$\pi > \bar{\pi}$），中央银行的实际利率 $i - \pi$ 就必须高于实际的均衡利率 $\bar{r}$。在这一规则的最初版本中，泰勒将美国的 $\bar{r}$ 和 $\bar{\pi}$ 均设定为 2%。由于央行的目标值可能随其对通胀以及不充分就业水平的相对忍容程度而不同，因此，上述两个因素对利率贡献的权重可能会有所不同。耶伦（Yellen）［2012］提出一个平衡方法规则（balanced approach rule），应用这种规则，联邦基金利率（Fed funds rate）对潜在产出的敏感性是泰勒原始规则的两倍。

虽然这些规则的优势是简单，但对产出缺口的估计仍然是一个棘手的问题。欧洲委员会（the European Commission）所做的修正说明了这个困难：尽管估测结果表明 2007 年欧元区的经济接近其潜在水平，但最新的估测却表明实际上远远高于其潜在水平。这一观点导致另一个问题的出现，即应用修正了的宏观经济数据，经过几年的时间之后，有时候对于中央银行给定的数据，可能导致错误的解释［Orphanides, 2007］。然而，如果使用的变量并非产出缺口，而是其变动率（例如，经济增长的观测值与其潜在增长之间的缺口）［Orphanides，2003］或者失业率——
这个统计值很少修正，这个问题并不很大。因此，曼昆（Man-
kiw）［2001］提出以下规则：

$$i = 8.5 + 1.4(\pi' - u)$$

其中，π' 是潜在的通胀，而 u 是失业率。

应当指出，这些规则并不包含"预期"因素（即使曼昆强
调失业率是表现通胀的很好的指标）。由于货币政策传导至实
体经济有一定时间的滞后，央行通常应当采取先发制人的行
动。这种情形下，所谓的"修正的"规则试图增加更多的前瞻
性因素。例如，为了把金融状况的一个限制（高资产价格倾向
于推高政策利率）考虑进去，引入了股市变化和不动产价格的
变迁，同时以未来几年预期的通货膨胀率来代替过去的通货膨
胀率。"修正"的规则所提供的指标无论如何都取决于所引入
预测的质量。

尽管存在这些问题，对这些规则的估计构成了分析货币政
策的简单工具。美国的数据表明 1988—2007 年，美联储倾向
于遵循泰勒规则（图 2），其在过去几十年间实施的政策本来
预示着 20 世纪 80 年代初的货币立场比保罗·沃尔克（Paul
Volcker）实际上采取的货币立场更为宽松，但不如 20 世纪 70
年代期间，亚瑟·伯恩斯（Arthur Burns）采取的货币政策宽松
［Mankiw，2001］。自 20 世纪 70 年代到引入欧元的这段时间，
德国央行的行为可以用泰勒规则来描述，至少从未经修改的经
济数据（即制定决策时，实际上可以参考的那些数据）来看是
这样的［Clausen & Meier，2005］。这意味着在银行政策形成
中，货币总量变化的作用看起来是相对温和的，通过分析 20
世纪 70 年代货币政策委员会的记录也证实了这一点［von
Hagen，1999］。

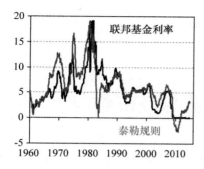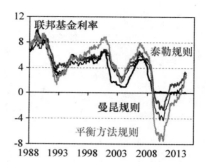

图 2　美国联邦基金利率、泰勒以及相关规则 * （%）

* 为了避免估计和修正与潜在 GDP 相关的问题，这里我们采取的是珍妮特・耶伦（Janet Yellen）［2012］的方法，将上述三个规则中的偏差从潜在 y 替换为 $2.3(\bar{u}-u)$，其中 u 为失业率，$\bar{u}$ 为非加速通货膨胀失业率（NAIRU）——此处为 5.6% 。所有模拟所采用的通胀率均为潜在通胀率。

资料来源：汤姆森数据库（Thomson Datastream），作者计算整理。

第二章　货币冲击与经济响应

小半个世纪之后，发达国家的中央银行已经成功地控制了摆脱"外生"稀缺性制约的货币发行所导致的通胀风险。与此同时，金融体系在不知不觉中发生了重大变革。中央银行可能会尝试通过对政策利率的管理，来调节生产增长率，但不会为应对利率的变动决定支出的性质，而利率的变动依靠金融系统进行传导。因为各经济体之间金融结构和经济实践的显著不同，国内支出对其变动的响应方式也不同。

从理论上讲，利率的下降能激发企业购买资本商品、兴建厂房的需求，同时有助于企业融资以增加存货投资。此外，还会促使家庭提前进行重大采购，借贷以购买住房、车等原本打算以后购买的商品。如此一来，将会使经济接近充分就业水平。然而，要使得这种情况发生，金融体系必须要使借贷成为可能。

在研究发达经济体私人投资对政策利率的变动如何响应之前，有必要回顾一下利率变动在各经济体所固有的相对复杂的金融系统的不同部分之间是如何传导的。

第一节　利率政策变动的传导机制

正如大家所见，银行在货币流通中居于核心地位，绝不仅仅是用一种方式支持金融流通，实际上它能够采取多样化的渠道。显然，通过资金盈余者直接借款给资金短缺者，这种直接金融交易是可行的，但需要满足一定的条件。在一个简单的易货交易背景下，参与双方的需求应该相符合：如果一方需要的是长期贷款，而另一方只愿进行几个月就到期的短期投资，交易将不可能进行；同样，如果一方需要的是借入数百万欧元，而另一方只有几百欧元用于投资，交易也不可能进行。我们假设双方需求一致，即便如此，对于一个交易的发生，资金借出者必须准备好承担一定的风险：首先是流动性风险（liquidity risk），换句话说，假设贷款期限是一年，资金借出者要承担在此期间自身同时也需要资金的风险；其次是信用风险（credit risk），如果借款人不能按期偿还贷款，资金借出者将会损失全部或部分投资。风险厌恶程度高，将会严重阻碍直接金融交易的发展。一般来讲，市场及金融系统的作用就是减少，至少是部分减少金融流通的障碍。

以债券市场为例，一个公司能够发行总额达数亿欧元的债券，由大量投资者进行认购，每个投资者可以认购不同的金额，此外，获得的债券可以在同一个市场上随时卖出，这就意味着流动性风险和信用风险都得到了一定控制。从这个角度来看，股票市场扮演着同样的角色，使企业更容易找到它们需要的权益资本。如果缺少股票市场，资金就必须由企业家自己提供或者由被他们说服的投资者提供，且投资者与他们共同承担企业的风险或者收益。股票市场的存在，使得股票可以在其中发行和交易，降低了投资者的流动性风险，使大量投资者能够共同承担公司经营活动的风险成为可能，这些投资者可能互不相识且经常变更。

对于消除非金融代理规避风险及其要求不一致所涉及的障碍，中介机构的介入是一种更为有效的手段。村庄银行为此提供了一个很好的例子。如果村民能够找到期限较长的融资，部分人就会准备借钱，用来投资于自有企业或者他人企业，如果他们能免于风险，就将准备动用这次融资所需要的储蓄资金。银行和其他金融中介，通过承担全部或者部分风险，使它们能够进行金融投资，并获得它们所需的资本。

近几十年来，金融投资的种类和融资形式已经显著扩大。例如，企业可以投资国库券作为短期投资证券；它们可以求助于银行或者市场，以短期融资的形式增加库存，并以长期融资的形式进行固定资产或并购的投资。它们将会发现，它们用来进行扩张所需要的权益资本，不仅仅只能依靠股市，还可以来自数量稳步增长的专业运营商。对它们来说，家庭可以把交易余额放在它们的活期账户里，并把长期储蓄放在日益多样化的各种账户里，也可以投资到保险公司或者养老基金，当然，也可以直接投资于市场。它们可以借入短期资金或通过现金赤字负债来购买耐用品，也可以借入长期资金来支付教育费用或者购买住宅。尽管有共同的发展特征，但不同的发达经济体的金融系统也不尽相同（专栏3）。市场规模的大小、中介机构的性质、授信的类型、提供的金融投资通常都不一样。因此货币政策在每个金融体系中的传输路径也将有所不同。中央银行通过管理其政策利率，总是能够或快或慢、或有意或无意地影响其金融体系内的各种利率。

专栏3   欧元区和美国的金融体系结构

银行不是金融体系的唯一经营者，除了它们之外还有其他吸纳存款的机构（养老基金或保险公司）或共同基金（mutual funds），这些机构代表那些购买了其所发行股份的投资者投资于市场。其他包括自身不吸收储蓄存款但通过借款获得大量资金的中介机构，构成第四章的部分主体内容。这些机构属于现在所谓的"影子银行"（shadow banking）体系。我们将看到，这一内容广泛，涵盖了各种角色：证券化机构［在美国，房利美（the Fannie Mae）和房地美（Freddie Mac）公司也是资产支持证券或 ABS 的发行人］、投资银行、经纪商和交易商等。

此专栏的目的仅在于向读者描述关于各种类型的经营者资产和负债的规模和性质，并且重点分析了欧洲和美国的金融体系的某些重要特征。

在欧元区和美国这两个区域，非金融企业和政府是纯粹意义上的借款方，而家庭是纯粹意义上的债权人（金融中介机构是天然的"平衡者"）。在这两个区域，家庭是迄今为止金融资产的最大持有者。然而，美国家庭拥有的金融资产占 GDP 的比重（400%），差不多是欧元区家庭的两倍（215%），它们还持有更大比例（美国占 80% 左右，欧元区不到 50%）国内非金融部门发行的金融负债。

在大西洋两岸，金融中介的组织方式是远远不同的，银行在欧元区更加重要。这可以通过欧元区比美国证券化的频率更低来解释——特别是关于抵押贷款，也可以通过公司对银行金融依赖性更高来解释。2013 年底，欧元区非金融企业债务证券总额大约为 1.1 万亿欧元，略多于美国公司这一数据的五分之一。在美国，保险公司和养老基金扮演着更重要的角色。这既可以由退休体系的资本化起着更重要的作用来解释，也可以通过收购养老金权利的会计处理来解释。美国养老基金的一些金融资产（如图 3 中出现的"其他"资产）实际上由这些基金发起人的纯承诺构成。在 2013 年年底，未备付的养老金承诺总额超过 3 万亿美元，其中很大部分为公共养老基金（1.8 万亿为联邦政府公共养老基金，1.1 万亿美元为州和地方政府公共养老基金）。共同基金（包括货币市场基金）和影子银行部门的规模都差不多，相当于各地区 GDP 的 100% 和 120%。但是，影子银行体系的组成有很大不同，在美国，证券化机构和普通

商业机构发行人几乎占到一半，而在欧元区证券化机构占比不
到五分之一。

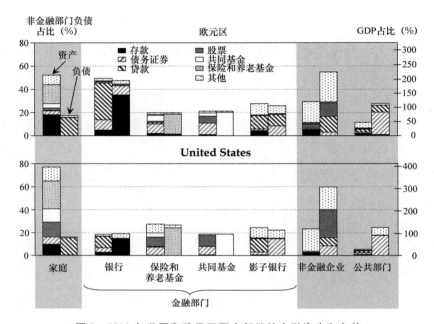

图 3 2013 年美国和欧元区国内部门的金融资产和负债

注："其他"项，包括贸易信贷（净）、到期应纳税款或应收税款、回购、未挂牌股票和子
标题为"其他杂项"的交易。在欧元区，非金融企业的"其他"资产基本上由未挂牌股票组成。
在欧元区，货币市场基金已经从"货币和金融结构"（MFI）分离出来，并加入到共同基金，MFI
的其他部分构成银行业。

资料来源：欧洲央行（ECB）和美联储（Federal Reserve）。

为了理解这种调整的机制，让我们以银行的资产负债表为出
发点，这和我们前面提到的村庄银行类似。如果中央银行提高了
利率，银行为满足准备金要求（和对纸币的需求），需要再融资
的成本会上升（专栏 1）。为了遏制这种上升趋势，它会尝试说
服那些在活期账户中留存资金相对时期较长的客户将这些资金转
移到储蓄账户（假设其中银行没有储备义务）。作为奖励，银行

将会增加储蓄账户的报酬（很显然它的竞争对手出于同样的原因会做同样的事情）。因为这会增加其资产负债表的负债方的成本，银行将会把部分成本转嫁到贷款利率上，使银行贷款的成本上升。调整不会就此止步。如果利率风险为零的储蓄账户的报酬增加，那些通过承担风险投资债券市场的投资者可能会停止这样做，这意味着债券收益率也将随之提高。如此一来，央行政策利率的上升，将会引起金融投资利率和金融系统贷款利率的连锁反应。股价也会受到影响，因为债券收益率会用来计算公司未来股息支付的现值。如果债券收益率上升，股票价格就会下降。总而言之，政策利率的变动将对整个金融体系产生影响。然而，这些影响永远不会完全自动形成，它们将取决于系统的结构及其组成单位的行为。货币政策影响实体经济的方式将在很大程度上取决于这一点。

一种被广泛接受的观点是，利率的上升使得企业投资减少，家庭储蓄增加，利率的下跌有相反的效果。在许多宏观经济模型中，包括主要发达经济体的央行所使用的模型中，在货币政策的传导过程中，企业投资是一个重要的环节，有时甚至是主要的环节。如当下形势所显示的，经验观察会得出更多合理的结论。一方面公司对货币政策实施的直接反应普遍较弱，而另一方面，至少在某些国家，家庭的反应更加显著。然而后者的反应，更多地是通过借贷行为而不是通过金融投资来表现。近几十年来，在某些国家，货币政策在很大程度上通过影响家庭借贷利率来调节发达经济体的经济活动。

第二节　利率对企业支出的影响

长期以来，经济分析都认为企业投资支出在宏观经济调控中发挥核心作用。在新古典经济学框架下，货币政策的传导是通过资本使用者成本（user cost of capital）来实现的［Jorgenson，1963］，它是关于为了获得形成固定资本（设备、建筑等）的资金使用权而偿付（或放弃）的利息费用、这些投资的价格及其折旧率的变化的函数。只有当项目的预期收益大于其投资成本时，公司才会投资，因此，货币政策可以通过矫正其成本的某一要素，即该固定投资的机会成本①来影响投资。在20世纪70年代中期，罗伯特·霍尔（Robert Hall）［1977］强调，降低利率水平对投资的刺激实际上是所有宏观理论实现其货币影响的主要渠道之一。当利率上升时，通过增加资本使用者成本，同样对美联储模型（即所谓的 FRB/US）和欧洲央行［著名的区域广泛模型（AWM）］的投资产生负面影响。就这一模型的投资方程而言，费根等人（Fagan et al.）［2001］甚至指出"这是利率影响总需求的主要渠道"。

然而，来源于实证观测的结论则更加模糊。新古典经济分析的基础假设（完全竞争、不存在货币约束等）在实践中并不存在，关于企业投资行为的大量研究在清晰地呈现利率的影响方面存在巨大困难。值得注意的是，大多数研究都是通过对资本使用者成本的影响来间接地检验利率的影响。但是，用户成本的长期投资弹性不仅在国家之间存在很大差别（法国相对较弱［Bardaji et al.，2006］，美国不太明显［Chirinko，1993］，德国则较为显著［Breitung et al.，2003］），而且根据估计方法的不同也存在较大差别。此外，即使在那些资本使用者成本表现出显著影响的研究中，对企业产品的需求往往被认为是主要原因："投资对价格变量（例如资本使用者成本）的反应往往较小，且相对于数量变量来说是微不足道的。" ［Chirinko，1993］

在专栏4中，企业设备投资演化的计量经济学分析表现出相似的结论。在这种情况下，利率通过资本使用者成本产生影

---

① 税收政策也可以通过改变关于折旧规则和利润课税来修正资本使用者成本。

响，其作用并不大，然而，投资却首先受需求（通过 GDP 的同期演变来衡量）的影响而波动：当生产增加，投资也上升，反之亦然（图 4）。短期内，资本使用者成本的影响往往是不显著的，但是需求的影响却是非常显著和强大的。像其他分析一样，这样的判断是脆弱的，在宏观经济数据的基础上进行的判断评价，可能会轻易地低估资本使用者成本的长期弹性（投资和利率的同步上升意味着资本使用者成本的弹性趋向于零）。然而，应用个体公司数据的估计表明投资对利率几乎没有敏感性。此外，由于严重依赖于所使用的方法［Chatelain et al.，2001］，我们所发现的敏感性明显地小于新古典理论的预期。由此，我们得到相同的结论："利率对投资的影响不大，并且削弱了传统货币政策传导机制。"［Chirinko et al.，1999］

图 4　1980—2014 年设备投资与生产活动逐年变化（%）

资料来源：汤姆森数据库（Thomson Datastream）。

专栏 4　法国、德国和美国的投资方程回归

对企业投资主要决定因素的计量经济分析，采用的是巴德吉（Bardaji et al.）［2006］的方法。由于一些公司受销路的限制，

其投资对需求变动和生产要素的相对成本变化敏感，其他变量则主要对资本回报率（由托宾 Q 比率来衡量）[1]敏感。被解释变量则为设备投资，其周期可能与投资结构不同，因此，利率对其影响可能会更大 [Chirinko et al., 1999]。估计方法采用误差修正类型，长期模型如下：

$$\ln(I_t) = \ln(Y_t) + \alpha\ln(TobinQ_t) + \beta\ln(UCK_t/ULC_t) + \gamma$$

其中，I 为企业设备投资，Y 为 GDP 总量，$TobinQ$（托宾 Q 比率）由非金融类企业的股票市值与其净资产的历史成本比例计算，ULC 为实际的单位劳动成本，而 UCK 为资本使用者成本。UCK 定义如下：

$$UCK_t = p_t^i/p_t^y(r_t + \delta_t)$$

其中，p_t^i 和 p_t^y 分别为设备投资的平减物价指数和 GDP 的平减物价指数，r_t 为 10 年期的实际公开利率[2]，δ_t 为公司股本的折旧率。

短期模型如下：

$$\Delta\ln(I_t) = -\delta ECM_{t-1} + \alpha\Delta\ln(Y_t) + b\Delta\ln(UCK_t) + c\Delta\ln(ULC_t) + d$$

其中，ΔX 为 X 的季度变化，ECM_{t-1} 则为长期模型的上一期残差。

采用法国和美国 1985—2006 年的季度数据进行估计。数据序列的缺失是说针对德国的估计期间缩减了（1991—2006 年），这使得估计结果更加不稳定。为了避免 2007—2009 年金融危机对短期系数偏差的冲击，我们有意地将三个国家的估计时间截止到

---

① 译者注：经济学家托宾于 1969 年提出了一个著名的系数，即"托宾 Q"系数（也称托宾 Q 比率）。该系数为企业股票市值对资产重置成本的比率。这一比率兼有理论和实践的可操作性，沟通了虚拟经济和实体经济，在货币政策、企业价值等方面有着重要的应用。在西方国家，托宾 Q 比率多在 0.5 和 0.6 之间波动。许多企业发现，通过收购其他企业扩大额外生产能力的成本比自己从头做起的代价要低得多。

② 实际利率是由 10 年期名义利率减去过去 10 年的平均通胀率计算的。

2006 年年底。对全时期数据样本的估计实际上加强了 GDP 在短期模型中的作用。所得结果如下表所示。

以国家分类的估计系数：

	法国	德国	美国
	长期系数		
Y	1.00	1.00	1.00
TobinQ	0.12	0.16	0.18
UCK/ULC	-0.17	-0.29	-0.62
	短期系数		
ECM	-0.11	-0.23	-0.04
Y	2.94	1.47	2.55
TobinQ	—	0.15	—
UCK	—	—	—
ULC	—	—	—

投资对需求冲击的反应是迅速且强烈的，而对资本使用者成本冲击反应较慢，且得到的长期弹性均小于 1。值得注意的最后一点是，我们采用的模型设定（包括资本使用者成本）并非是最优的。对于美国和德国，当将变量 UCK_t/ULC_t 替换为相对价格 p_t^i/p_t^y 时，可以更好地捕捉投资动态变化，而法国的情况则变化不大。这意味着利率的作用远远没有像新古典经济学模型假设的那样清晰地被呈现出来。

然而，要想评价公司对周期监管的贡献，不单单要看它们的投资行为，而且要看它们收入［与上一章的变量 $(1-\sigma)$ 对应］的消费倾向。事实上，为了缓解货币约束（与减息相呼应），企业必须增加投资并超过其储蓄（未分配利润）。那么，其支持生产活动的贡献就可以通过观测其净融资需求的演变来进行评价。如果，与其收入相关的借贷增长超过它们的金融投资，它们的融资需求，进而消费倾向也将上升。这就产生了一个问题，是什么影响了这一倾向？对企业金融投资和借贷的观测证

实，生产动态在其消费倾向行为中起了决定性作用，而利率起的作用很小。

初始的观察令人惊异。所有被观测国家（德国、法国、西班牙、意大利、英国、加拿大和美国）的投资现金流与其企业借贷高度正相关，企业借贷越高，其金融投资（其获得的金融资产）越多（图5，左图）。同时，它们借贷的上升速度高于其金融投资的话，借贷越多，其消费倾向越高（图5，右图）。

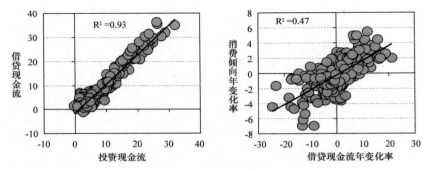

图5　1993—2006 年非金融企业的借贷率、金融投资率与
消费倾向变化（GDP 的%）*

*上图中，数据为季度数据，包括6个国家（德国、西班牙、法国、加拿大、英国和美国）。消费倾向来源于国家非金融账户。

资料来源：各国中央银行和国家统计局（National central banks and national statistical institutes）。

需要强调的是，公司金融行为的第二个特征（图6）是其借贷现金流远远超过其融资需求：公司为金融投资目的而借的钱与其为有形资本投资而借的钱一样多，有时甚至更多。此外，至少在一定时期内，我们所检验的所有国家的现金流都是同步的，并且反映了累积借贷的失控。例如，1998—2000年，当股市泡沫形成时，所有国家的借贷均呈现出激增的态势，同样在 2007 年金融危机之前的 2003—2006 年也表现出借贷的激增。

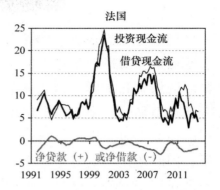

图6　1991—2013年美国和法国的非金融企业金融投资率、

借贷率与金融储蓄率（GDP的%）

资料来源：各国中央银行和国家统计局（National central banks and national statistical institutes）。

　　企业的金融投资可采取许多形式。一方面，它们获得授权并得到贸易信贷，这将促进其资产和负债同时增加。与实体经济走势直接相关的这些资金流，在很大程度上追随的是商业周期中库存的变化（图7），同样其交易余额也是如此。另一方面，公司的部分投资确实是纯金融投资，这使得它们尤其能够控制其他公司。而对于购买者而言，这些收购代表的是投资，其对实际生产活动的影响并不确定，这取决于卖方如何处置售股所得收益。非金融类企业的这种"金融化"行为可能会扩大贷款变化和实体经济之间的关系。

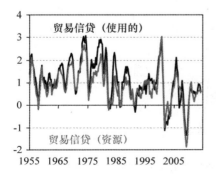
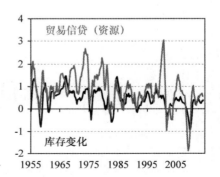

图7　1955—2013年美国贸易信贷、库存变化（非金融企业，GDP的%）

资料来源：美联储和汤姆森数据库（Federal Reserve and Thomson Datastream）。

　　如果你在为企业借贷资金流多样性寻求解释，那么结果再次表明周期性情形仍是其决定因素。除了英国外，我们检验的其他国家的信贷和实际生产之间的联系是比较明确的（图8）。当生产活动增加时，企业的借贷现金流和消费倾向一起上升；而当生产活动减少时，则出现相反结果。美国的长期数据证实了这一结果，同时还阐明了另外一个基本观点（图9），即当借贷现金流与商业周期同步变化时，生产活动在很大程度上对利率水平或利率变动均不敏感。在美国，借贷和实际利率之间甚至出现了明显的正相关关系！但是，这种悖论仅仅是表面现象。当生产活动增加时，公司需要更多投资，因此产生更多借贷，与此同时，央行通常倾向于提高利率水平。这一结论实际上强调了金融系统在传导货币政策中的顺周期性的作用。而当经济处于衰退阶段时，企业资产负债表的恶化导致企业信贷收紧，进而减弱货币刺激的影响；当处于上升阶段时正好相反，货币紧缩的影响会通过宽松的借贷条件而得到缓冲 [Bernanke & Gertler，1995]。

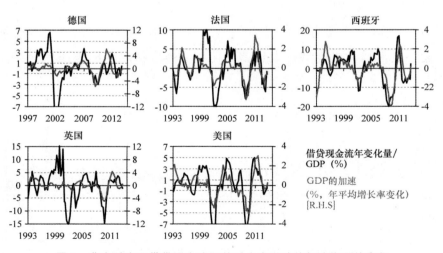

图8　非金融企业借贷现金流和其对生产活动的加速作用的变化

　　注：英国和美国的 GDP 加速作用分别滞后了两季度和一季度。

　　资料来源：各国中央银行和汤姆森数据库（National central banks and Thomson Datastream）。

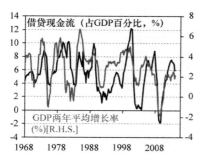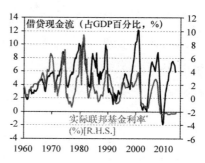

图 9 美国非金融企业借贷资金流和生产活动

*联邦基金利率在过去 10 年中以平均通胀率平减。

资料来源：美联储和汤姆森数据库（Federal Reserve and Thomson Datastream）。

这些观测结果使得货币政策对投资影响的估计显得不再模糊和神秘。首先或最重要的，如果企业的投资行为（实体投资或金融投资）是商业周期的函数，那么投资和关键利率之间的所有关联都将是积极的。试图评估利率对投资直接影响的少数几项研究充其量也就得出这些。例如，Kothari et al. ［2013］指出，一年期利率和投资之间的正相关关系很难与美联储所驱动的利率变动对投资拥有重大影响的观点相吻合。

最近的美联储研究［Sharpe & Suarez, 2014］证实了这一观点，面对计量经济估计的异质性问题，作者更倾向于使用调查数据。美国非金融公司的首席财务官们（CFO）被直接地询问了他们的投资决策对利率的敏感性问题，其结果是富有启发性的。对他们中的绝大多数来讲，借贷成本的下降是没有影响的，大约70%的受访者表示利率下降既不会让他们将项目提前，也不会发起新的项目。财务官们对政策利率提高似乎也不敏感：在近60%的案例中，利率上升小于 300 个基点对其项目不会产生任何影响。诚然，2012 年 9 月进行的这项研究是一次性的，无法保证换个时间、换个地点能得出相似的结果。然而，其结果表明，影响企业投资所需的利率水平变动比发达国家央行通常所实行的振幅要大得多。

鉴于企业投资行为对商业周期的敏感性远大于对利率变动的敏感性，因此货币政策必须通过其他渠道进行传导。暂且抛开对汇率可能产生的影响，央行为了调节生产活动所实施的刺激只能通过家庭消费传导到实体经济。

第三节   利率对家庭消费的影响

在经济文献中，利率变动对家庭储蓄的影响是模糊不清的。减少某些机构的收入，可能导致它们消费减少，但是也可能促使其他人通过借贷以超前购买耐用品，进而减少储蓄。此外财富效应同样可能产生影响。鉴于利率降低通常伴随着资产价格的上升，家庭可能认为其财富增加是永久性的，而将其当前收入的大部分用于消费。因此，利率对消费倾向影响的方向更为深远。

然而，我们感兴趣的不是家庭的消费倾向，而是家庭的支出倾向或者其金融储蓄率，后者（如果为正）用来衡量当前收入中既未用于消费支出也未用于住宅投资的比例。这种"金融"储蓄（或净借贷）也是金融投资和借贷现金流的区别。如果家庭用于金融资产投资的资金大于其借贷，则为正（这意味着，按净值来说，它们将储蓄投入到经济中），反之则为负（这意味着，按净值来说，它们吸纳了经济中其他部分所释放的存款）。货币政策在多大程度上影响家庭消费倾向？

为了回答这个问题，我们首先检验过去20年间10个发达国家的居民金融储蓄的变化。第一个引人注意的观测结果是：至少从20世纪90年代以来，大部分变动更多反映的是借贷比例的变动，而并非金融投资比例的变动（专栏5）。唯一的例外是日本，该国家庭借贷的变化几乎解释不了其金融储蓄的流动。

专栏5　家庭金融投资、借贷和金融储蓄

为了更加精确地分析金融投资率、借贷率和金融储蓄率之间的关系，我们成功地针对 1991—2013 年的面板数据提出以下两个判断模型：

$$FS_t^i = aFI_t^i + b^i + c \qquad (1)$$
$$FS_t^i = \alpha BOR_t^i + \beta^i + \gamma \qquad (2)$$

其中，FS_t^i 为国家 i 在时间 t 的家庭金融储蓄率，FI_t^i 为它们的金融投资率，而 BOR_t^i 为它们的借贷率。

我们选择的设定允许各国有不同的固定效应 b^i 和 β^i。金融储蓄率取自国家的非金融账户，而金融投资和借贷率取自金融账户。将储蓄率放在金融账户中使用并不会对结果产生任何影响，但是多少会使金融储蓄率和金融投资率之间的相互关系似是而非。面板包括 8 个发达国家（美国、加拿大、英国、德国、法国、西班牙、比利时和荷兰），并且数据为季度数据。由于意大利从家庭金融账户得到的金融投资和借贷的季度数据极其不稳定，且家庭的融资能力与国家账户的结果存在很大差别，因此将意大利从样本中剔除。

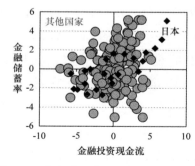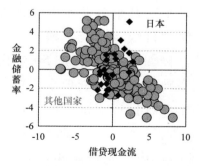

图 10　8 个发达国家的金融投资现金流、借贷现金流和金融储蓄率（GDP 的%）

注：图中，各点以年为单位，且时间区间为 1991—2013 年，比利时除外（其金融账户仅从 1999 年开始）。变量的中心为每一个国家。

资料来源：各国中央银行和国家统计局（National central banks and national statistical institutes）。

日本的情况较为特殊，因为其金融投资比例在很大程度上说明了金融储蓄率的演变。而对于其他所有国家来说，金融投资率看起来不是家庭支出行为的主要决定因素。尽管系数 a 在整个样本期间内显著，但其系数很小（$\bar{a}=0.11$），并且其解释能力有限。首先，它在样本期内非常不稳定。对某些国家来讲，这一系数并不显著或不太显著（美国和英国），在一些情况下，甚至出现了失常的迹象（德国、法国和西班牙）。

其次借贷率对家庭消费行为的影响是明确的。系数 α 在整个样本期间显著异于 0（$\bar{\alpha}=-0.51$），并且其解释能力比系数 a 更高（$R^2=0.73$），因此，所有国家拥有共同系数的约束设定看起来是合理的（特别是当估计对考虑时期的修正是稳健的，系数稳定且所有情况下均显著）。如果剔除 2007 年金融危机以后的数据，结果会变得更加显著（$\bar{\alpha}=-0.75$，$R^2=0.82$）。

如果数据是可得的，在更长时间段内研究这些行为，将证实和完善这一观测结论。在大多数国家，这些借贷比例将继续在很大程度上解释消费倾向的变化。当然，家庭金融投资行为绝不是不对其金融储蓄率的演变倾向产生影响，随着金融投资现金流的持续上升或下跌，将促使与之相关的消费倾向上升和下跌。例如，从 20 世纪 50 年代中期至 70 年代中期，美国家庭储蓄率随着金融投资现金流的上升而增加；相反，在接下来二十年，金融投资现金流的下跌迫使金融储蓄率同步下跌。尽管如此，这一比例的短期波动仍然主要由这些借贷现金流决定（图 11）。由于货币政策对家庭消费支出产生直接影响，这一影响更多地是通过它们的借贷行为作为实现路径，而非金融投资行为。

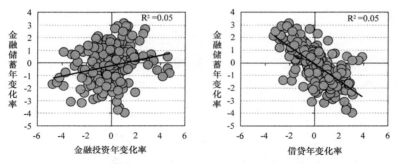

图 11　1954—2006 年美国家庭金融投资率、借贷率和金融储蓄率变动（GDP 的%）
资料来源：美联储和汤姆森数据库（Federal Reserve and Thomson Datastream）。

　　为了验证这一点，我们检验了利率演变和家庭借贷现金流的联系。然而，我们在检验中剔除了 2006 年年底之后的数据，因为 2007—2009 年的金融危机很明显地改变了金融行为，特别是美国家庭负债累累。尽管有充分理由显示这些影响并非是完全相同的，但利率对家庭借贷行为的影响相对比较明确。金融系统、贷款形式和债务偏好在这方面都发挥着重要作用，并且在试图对央行货币政策效果进行正确的评估时应将国家的特异性考虑进去，欧元区国家的情况是个很好的例子。由于欧元区零售银行的业务仍然保持着国家性，用统一的货币政策来反映单个国家家庭借贷情况的演化，结果肯定是不同的。

　　让我们以西班牙为例，该国房屋抵押贷款采用以短期利率作为浮动利率的模式。政策利率的下调，不仅会迅速地导致新贷款利率的下跌，还会导致对现有贷款存量所收取利率的下跌。对于已经负债的人们，家庭支出的影响更大，他们会发现其被征收的利率费用下降了。另外，在 21 世纪初期的德国，如果家庭已经以固定利率形式拥有长期借贷，并且已无法对其贷款进行重新协商，那么，货币政策的效果将不明显、不强大，且需要较长的时间才能显现出来。这两个国家的抵押贷款存量的平均成本必然是不同的。从 2003 年初至 2004 年末，西班牙家庭的抵押贷款成本比德国家庭多下降了 100 个基点。相反，从 2006 年初到 2008

年，西班牙家庭的抵押贷款成本上升了 170 个基点，而德国却下跌了 20 个基点。因此，同样的货币政策可能在两个国家之间产生不同的效果。而从 1990 年末到 2007 年，西班牙家庭借贷现金流持续稳定增长，而德国家庭却持续下降。

金融实践的差异并不是能使同一货币政策在不同国家产生区别的唯一因素，经济增长和通货膨胀持久的差距会使借贷者的名义收入增长，从而也对实际利率的增长产生不同的期待 [Brender & Pisani，2010]。把这些因素考虑进去，我们就可以很好地解释，直到金融危机之前欧元区的借贷行为为什么随着 ECB 政策利率的演变而呈现出多样性特点（图 12）。美国家庭长期以来（1965—2006 年）的金融账户证实了利率对家庭借贷的影响（图 13）。利率的下跌伴随着借贷现金流的增加，反之亦然。这带来一个结论，即货币政策对实体经济运行的直接影响，并非通过企业行为而是通过家庭的行为，特别是通过它们的借贷产生。

美联储 FRB/US 模型（尽管它的基础是"新古典主义"）证实了这一点。政策利率下调 100 个基点，在四个季度的时滞之后，对生产所产生的大部分影响是由于住宅投资和耐用品的消费情况的好转，并且这两方面的影响几乎一样。由于住宅投资占 GDP 比重仅为耐用品消费占 GDP 的一半（4% 相对于 8%），其变化受利率变动的影响最大[1]。生产性投资的上升解释了 13% 的生产回升，其贡献率仅仅高于其占 GDP 的比重（接近 11%）。政策利率下调两年之后，住宅投资的（累积）贡献率保持不变（24%），耐用品消费略有下降（19%），公司投资略微上升（18%）。总之，企业支出的反应比家庭支出更弱且滞后更为明显。利默（Leamer）[2007] 同样强调了住宅投资在美国经济循环周期中的先导作用，而企业投资随后将对经济生产的变动产生

---

[1]　在这种情况下，住宅投资对政策利率变动产生响应的路径是长期利率，并且通过对长期利率的影响，使得货币政策对住宅投资产生影响。

影响。美国私人部门消费倾向的演变与此相同，家庭消费倾向的
波动总是先于企业（图 13，右图）

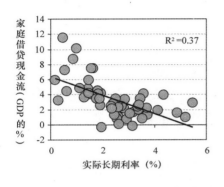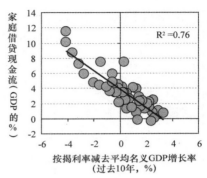

图 12　1995—2005 年欧元区的信贷成本、家庭借贷行为

注：图中点对应以下国家的年度数据：德国、法国、意大利、西班牙和比利时。意大利和比
利时的数据从 1999 年开始。在左图中，为了解释家庭借贷的现金流，采用每个国家 10 年期的政
府债券利率，并减过去 10 年的平均通胀；在右图中，这一利率被替换为每个国家过去 10 年按
揭利率和年度平均名义增长率之差。

资料来源：各国中央银行，作者自行计算。

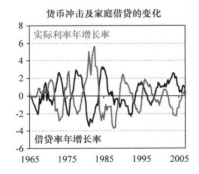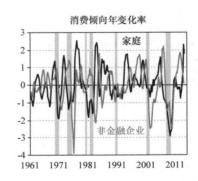

图 13　美国非金融部门的货币冲击、家庭借贷和消费倾向变化（GDP 的%）

＊实际利率为过去 10 年间名义利率和家庭收入平均增长率之差。名义利率本身是过去 10 年
公共债务收益率（70%）和联邦基金利率（30%）的加权平均值，滞后四个季度。右图阴影部分
与美国衰退对应（NBER 定义）。

资料来源：国家经济研究局、美联储和汤姆森数据库（Bureau of Economic Analysis, Federal
Reserve and Thomson Datastream）。

　　家庭借贷在货币政策传导中的核心作用需要做最后评论。如同我们在美国例子中看到的那样，需求组成中首先对利率下调做出加速反应的是家庭消费支出。然而，家庭额外消费和其额外借贷的联系可能并不像表现出来的那么直接。在很大程度上（金融危机之前，在美国大约为80%），家庭借贷均以抵押贷款的形式存在，换句话说就是为了获得房屋而融资。但是许多住房早已经存在，只有不足四分之一的交易涉及新的住房。在国民账户中，各种佣金的支付和修缮工作的开展也被认为是一种投资，因此，它们和购买现有住房一样，都是住房投资的来源。即便如此，用于购买现有住房的投资支出比所购资产的价值小很多，而且很多时候比为之融资的贷款的价值也小很多。如果住房投资随着利率降低而显著上升，那是因为利率下降触发了交易，从而引起了高出所观测的投资数倍的借贷。

　　在美国，打算为购买不动产融资的抵押贷款的数额（不包括打算为先前已购买的不动产融资的贷款），一般来说是同一时期住房投资数额的两倍。事实上，在很多情况下家庭用来购买现有住房的贷款后续紧跟着其他的贷款，只不过后续的是住房卖方的贷款，他利用所得收益的一部分来偿付其过往的剩余贷款，而剩余的部分将用作消费支出，大部分情况下是作为采购新住房的定金等，直到随之而来的加息抑制这一过程。

　　有一种观点对货币政策的实施有很大影响：当以不动产为目的而进行的家庭借贷通过刺激家庭消费支出而对生产活动提供支持时，仍然面临一定的风险，考虑到现有住房交易的重要性以及在很多时候对新建住房限制的重要性，这将促使房地产价格的上涨。包括按揭贷款增加、不动产价格上升、对风险厌恶程度下降以及未来价格上升的预期等在内的一系列变动，将迅速变得可独立持续发展，进而导致房地产的动态循环与商业周期的循环脱离（图14）。

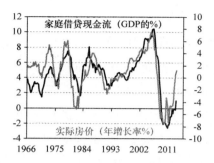

图 14　1966—2013 年美国家庭借贷和房地产价格

注：房地产价格中已剔除消费者物价指数。

资料来源：汤姆森数据库（Thomson Datastream）。

　　所有这一切的结果（至少从金融自由化开始）已经在一些国家出现，这些国家的家庭借贷周期与其经济周期和企业债务周期的振幅存在差异（图 15）。伯利奥（Borio）［2012］的分析进一步将该结论推向新的阶段，他的研究重点关注了"金融周期"的存在，这一周期比"商业周期"更加持久，但是没有强调家庭借贷的特殊作用。然而家庭借贷是必不可少的：如果央行为了保持经济处于充分就业状态附近而实施的刺激政策所产生的影响首先通过家庭借贷作为实现通道，进而触发比商业周期更为持久的房地产周期，那么政策制定者就不能忽略这一事实，即房地产泡沫的形成通常是低利率的副作用。

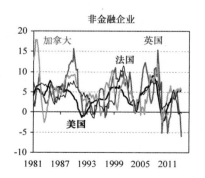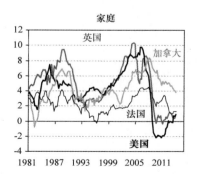

图 15　1981—2014 年非金融企业和家庭借贷

资料来源：国际清算银行和汤姆森数据库（BIS and Thomson Datastream）。

　　本书影响家庭和企业金融行为的决定因素的研究，解释了为何货币政策本身无法承担货币约束的日常管理。鉴于家庭和企业的金融投资现金流对利率的变动在很大程度上均不敏感，利率变动产生的影响需要通过借贷现金流的调整实现。如同上一章所表述的那样，这些现金流需要调整到各部门希望达到的金融投资水平，以使经济达到充分就业状态。通过这种方式，要使经济处于充分就业状态，所要面临的问题就显而易见：所需的现金流调整量要求未来有相应的金融投资量。仅依靠金融系统本身，无法保证中央银行所决定的利率变动在金融系统中的传导能够实现这一调整。要确定每日借贷供给水平，在金融系统中应用的信息收集和决策机制，发挥了重要作用。

第三章　信息与信贷供给

　　金融系统在保持经济长期处于增长方面起到了关键性的作用，这一事实是毫无疑义的。与中央银行不同，金融系统与借款人和储蓄者直接接触：银行为融资者提供资金，聚集收入资金并减轻资金提供者所不愿意承担的部分风险。而这一切并非是盲目的。像其他企业一样，银行的目标是为了盈利而并非亏损，因此，在发放贷款（或者获取证券）之前，它们设法计算（至少在一定程度上）其所要承担的风险。为此，对于要发放的贷款，它们将调动所有资源以帮助其做出详尽的决定：贷款金额是多少、贷款对象是谁、贷款目的是什么以及利率是多少等。在金融体系中，日常的信息收集工具和决策制定规则通常是回答上述问题的基础。然而，这些机制对实体经济的直接影响在很大程度上常常被忽略。不仅宏观经济平衡的质量，而且经济中产生的储蓄的分配质量，以及因此产生的潜在产出的增长率都取决于这些机制的有效性。要想充分把握其重要性，需要引入一个由于保持宏观经济平衡而导致，但迄今一直被忽略的问题，即跨期问题。

　　为了从当今经济可用的储蓄中获益，并在扩大潜在产出的同时而不产生通胀压力风险，需要提出"未来的储蓄"这一概念。接受非金融部门的金融投资的机构（从现在开始称之为存款收集者），其信息生产活动起到了关键作用。储蓄者通过在各类金融投资之间进行选择，为金融系统提供了其未来金融投资的信息。这一信息可以帮助确定对其发放贷款和融资项目的"期限"。从这方面来讲，债券市场通过将储蓄者和存款收集者的信息传递给执行投资项目或资助它们的银行而做出了明显的贡献。为了完整地确定信贷的供给，需要不同性质的信息，只是这一次不仅涉及金融系统的可用资源，还涉及与借款者承诺相对应的借款能力。金融机构同样有责任评估借款者的信誉，进而保证放出的借款有较高的机会能够被偿还。

第一节　宏观经济调控的跨期问题

一国的储蓄是一个宏观经济总量，其金融系统仅仅考虑所收到的金融投资的流入量和所支出的资金的流出量。这些金融投资的流入本质上来自家庭（图16），如同我们所看到的那样，其总量对利率水平相对来讲并无什么反应。在上一章强调过，这会导致一个重要后果：要想使经济保持在接近充分就业的水平，货币政策因不能对金融投资数量有重大影响，所以主要通过影响由借贷而融资的支出数量而发挥作用。如果经济处于充分就业水平，投资数量将永久地无限接近于金融部门所希望达成的金融投资数量。至少从某种程度上来讲，这一调整所导致的问题更为微妙，即这一支出相对不活跃，或者更为准确地说，拥有向下刚性。

实际上，为金融投资而发放的部分贷款迟早会提高经济的潜在产出。这类支出本质上拥有严重刚性的特征，因为我们需要时间来扩大厂房、建造工厂或者购物中心（或者医院，或者住宅）。它们常常以工程的形式存在，工程的完成需要一定的时间，海克（Hayek）［1931］称之为"生产结构"。至少在很大程度上，如果企业不能确保筹措到资金，其通常不会开发新的投资项目，否则将会面临在完工之前提前中断的风险，这意味着已经实施的大部分支出将白费。同样的，人们在没有保证能够完成之前，不会开工建造一栋房屋。通过确定其信用额度，金融系统就可以对开建的工程数量进行日常决策，所授予的信用额度将资助项目的整个执行期的开支。这意味着今天的投资支出来源于数月前，甚至是数年前的决策，并且支出总量在工程完工之前不能中断［Hayek，1931］。

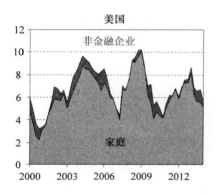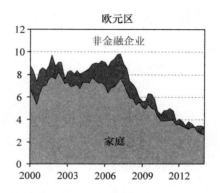

图16　2000—2014年从家庭和非金融企业注入金融系统的金融投资*（各自国家和地区GDP的%）

　*至于非金融企业，金融投资不包括企业之间的直接交易，只包括存款、货币市场基金投资、共同基金以及债券的购买。鉴于美国的证券投资数据并不可得，因此，欧元区也将其剔除。

　资料来源：欧洲央行和美联储（European Central Bank and Federal Reserve）。

　　然而，其他类型的信贷使得吸收可用的存款成为可能，而不必为将来是否有新的存款冒险。这对所有短期贷款均适用，如企业获得融资用于增加其库存，政府的融资用于资助其当期支出盈余，或者家庭为其消费进行融资。它同样也适用于大多数贷款，即使是长期贷款，如家庭融资特别是用于购买现有住宅，或者企业融资用于并购。尽管它们期限较长，这些贷款并不会导致生产结构的延长。当一个家庭通过15年或者20年的借贷来融资购买现有住宅时，实际上并没有真正涉及新的工程，任何可能的维修翻新工程持续时间一般不会超过几周。

　　即便如此，如同我们在先前章节看到的那样，这些住房按揭贷款通过乘数效应，能够或多或少地直接诱导有效的额外支出。因此，它们可以通过迫使经济不实现充分就业来防止通缩压力。

然而，它们并没有导致信贷融资支出的现金流刚性（与后者不同，它们并不会提前取得未来储蓄现金流），而从某种程度上讲，到期之前不能要求贷款的偿还，意味着未偿还贷款的存量具有下降刚性。投资项目（产出增长的需要）或其他长期贷款（为确保潜在产出的充分就业）不可逆的方面为宏观经济平衡提供了一个时间维度，这样仅靠调整央行的政策利率无法维持宏观经济平衡。

充分就业、"增长停滞"和通胀压力

这些刚性事实上意味着需要永久的跨期权衡。今天，决定为新项目融资涉及的一个风险是，在未来的某个阶段不能把信贷融资投资支出现金流降到足够低的水平，使之与充分就业产生的储蓄相适应。诚然，央行之后可能会注意到投资过度现象，但却不可能阻止通胀压力的出现（除非它希望实施一项限制性的政策，从而使已经开始的部分项目被中途废止）。物价上涨以后，用于消费的那部分收入的购买力就被侵蚀了，这样为使正在进行中的项目得以完成，就会加大项目所需资源的储蓄力度。然而，为了避免未来产生通胀压力，我们如今没有使足够数量的工程开工以吸收所有可用的存款，这意味着将放弃尽可能多增加的潜在产出。因此，需要在"放弃增长"和通胀之间进行永久的权衡。然而，这并不是我们要做的唯一权衡，依赖于金融投资工程的长期借贷以及经常性支出①造成了不同的困境。这些贷款对业已存在的且尚未偿还的借贷所赋予的刚性，事实上也成为通胀压力的部分来源。可以预见一种情况，如果在未来的某个时间，当经济处于充分就业状态时，经济主体渴望通过花费更多的钱，使它们的金融投资增加的速度快于其未偿还的贷款减少的速度。于是我

---

①　投资和经常性支出之间的界限总是不明晰的。例如，在美国国民账户中，购买房地产的相关支出或者现有住宅的维修翻新费用被视为投资。

们将再次在维持现今的充分就业水平和未来某个时间通胀上升的风险之间做出权衡。

这些权衡并不能由前面所讨论的泰勒规则应对。这一规则仅仅表明中央银行如何通过调整其政策利率来实现促进或者抑制消费支出，从而保持经济或多或少地处于充分就业水平，同时使通胀水平不超过某一标准。它并不关注对利率变动较为敏感的支出决定是否与投资项目相关联，或者获得的融资是短期的还是长期的，甚至也不会设定经济所不能超过的通胀水平。在保证充分利用潜在产出并带来尽可能高的经济增长的同时，又不过度地抬高物价，这样的目标是无法通过纯战术规则来实现的。

考虑到跨期因素，要长时期维持宏观经济均衡意味着必须牢记现有贷款的到期日和在建投资项目的数量，同时也暗示了未来潜在可用的金融投资信息。这些记忆和信息至少有一部分由组成金融系统的单位所拥有，特别是那些汇集金融投资与发放贷款的单位。因此，宏观经济均衡管理必然意味着在央行和这些单位之间持续互动。政策利率的调整是这一过程中最明显的要素，但是还有其他一些更深层次的：货币当局不希望通胀超过的水平，并且力求达到这一目标，以及其所实施的谨慎性规则，将对信贷供给的组成和总量形成决定性影响。

泰勒规则的展望

为了调节生产活动，货币当局必须将社会对通胀的相对厌恶程度、失业率和经济增长的停滞纳入考量。实际上，通过或多或少明确地设置其所能容忍的通胀水平，央行解决了前面刚刚描述的困境。为了理解这一点，让我们再次回到它的政策目标，即确保以经常性支出和投资为目的的融资（无论是短期还是长期贷款）的总支出，与金融部门所希望达到的充分就业时的投资水平尽可能长久地相适应。当金融投资对利率相对不太敏感时，它们仍然在不断地变化。家庭金融投资的现金流构成总现金流的大部分，其对各种需求（包括特殊预防目的在内）产生响应，并将受到多种力量的影响（人口、收入分配和财富变化等）。

我们假设，如果经济处于充分就业状态，家庭当前要做的金融投资已经给定，为了避免经济增长停滞，所有可用储蓄必须投入固定资本，其风险是在将来某个阶段金融投资现金流可能会下降，同时可能出现通胀压力①。央行严格奉行抑制通胀的原则，将逐渐地对承担这种风险加以限制。如果已启动的项目不能吸收充分就业下的全部储蓄，尽管仍然处于充分就业状态，仍然要对经济投放其他的贷款。如果这一贷款是长期的，它同样可能会带来通胀的风险。如果它由金融投资提供融资，且期限相对较短，那么结果也将是相同的。因此，货币当局能够容忍的通胀水平也将对这一"期限转换"风险设限（如果这一限制尚未通过更为严格的监管手段执行）。

然而，央行并非独自地决定了潜在产出的增长及其利用水平。就私人机构而言，对于给定的储蓄水平，这一增长和利用水平还取决于金融系统中有关未来接收的金融投资的信息状态，以及其对风险的态度。当其他条件不变时，改善信息状态或者改变对风险的态度将使得潜在产出的增长变为可能。在决定可用储蓄用在为经济增长服务的方式上，存款吸收人所运用的信息的质量起着至关重要的作用（专栏6）。

专栏6　信息状态、对风险的态度和经济增长

为了论证，我们假定一个金融系统仅仅由一家商业银行和中央银行组成，其中，商业银行负责分配全部的贷款以及接受全部存款，而央行则负责保持经济与充分就业状态的偏离不会"太

---

① 发行股票显然是吸收这些压力的方法之一，但其融资以牺牲生产性投资为代价：决定哪部分可用储蓄用于哪种投资，也是在增长停滞和通胀之间进行权衡的一部分 [Brender, 1980]。

远"。为了演示金融系统中关于未来储蓄的信息状态和潜在产出下的经济增长之间存在的关系，我们假定只有两类贷款可以发放。第一类贷款用来给投资项目融资，以增加潜在产出，这将在两个时期内平摊。令 X_t 为投资项目的价值，这一项目的融资在 t 时刻决定，I_t 则代表 t 时刻发生的投资总量，K_t 为同一日期生产性资本的存量，这使得：

$$I_t = \frac{1}{2}(X_{t-1} + X_t) \text{ 和 } K_t = K_{t-1} + K_{t-2}$$

第二类贷款性质不同，这种贷款不为生产能力扩大而融资，而是让家庭能够购买消费品，同时也不涉及商业银行对以后承诺。人们认为，如果经济处于充分就业状态（投资与当期的储蓄相当），那么银行知道其当期将接受多少金融投资，同时，也知晓中央银行每期可能通过降息来保证经济确实处于充分就业水平，并且家庭将借入充分就业状态下未用于固定资本投资的所有储蓄。由商业银行所采取的唯一真实的决定涉及其承诺融资的新投资项目总量 X_t。当第一类贷款能够比其他贷款获得更高的回报时，商业银行当然希望这类贷款越多越好。然而，这里存在一个相关的风险：如果在接下来的周期内，其所发放的投资贷款总量高于充分就业经济水平下私人部门所期望的储蓄时，通胀压力将不可避免。价格的上涨将迫使家庭不得不为已建项目所需的存款筹措资金。央行将收紧其再融资条件，而商业银行将承受巨大的损失，这里假定损失大于其所提供资金的投资项目收益。

首先，我们假设私人部门的储蓄率 s_t 已知，恒定为 s，为了简便起见，使假定的资本系数 k 为常数，令 Y_t 为该经济体在 t 时刻的 GDP；然后，我们可以得到 $S_t = s_t Y_t$ 以及 $Y_t = kK_t$。t 时刻的潜在产出是确定已知的，它是已配装生产能力的函数，因此，也是 $t-2$ 期所决定的项目函数（资本的有效期是无限的）。在这些假设条件下，我们很容易证明，经济可以毫无疑问地保持在充分就业的经济增长轨迹上。为了使这一假设成为现实，商业银行只需要一期又一期地以 $X = \sqrt{1 + 2sk} - 1$ 的速度增加其项目融资的供给，这一比例同样等于经济增长率，进而可知 $X = \dot{K} = \dot{Y}$。私人部门的储蓄率越高，潜在产出的增长也就越大。

现在，让我们假定储蓄率围绕某一平均值随机波动，那么，储蓄率 s_t 将服从均值为 s 且标准差为 σ 的正态分布。如果商业银行知道这个概率分布函数的参数，它愿意提供贷款的投资项目数量是多少？为了尽可能简单地回答这个问题，我们假定它将尽可能地限制强制储蓄现象出现的概率。如果 α 是这一概率的临界值，它希望将这一数值维持在 α 以下，它将决定提供贷款的新投资项目的数量达到 X_t，使得：

$$P\left[s_{t+1} < \frac{1}{2} Y_t / Y_{t+1} \right] < \alpha\%$$

α 值可以被看做是央行"通胀—容忍度"的临界值或者是衡量商业银行方面对风险的厌恶程度的标志。这一临界值越高或者风险厌恶程度越低（也就是 α 值越大），那么对于一个给定的平均水平的储蓄率，我们经济的潜在产出的增长率也就越快。

为了说明这一点，我们针对不同 α 值的相关轨迹进行了仿真计算，每次进行超过 1000 次的独立抽样（如图 17 所示）。对于较低的值（例如，银行不愿通胀压力的概率超过 5%）以及储蓄率服从正态分布 $N(5\%, 2\%)$，GDP 的增长率相对较小（图 17 左图，底部的黑色细线）；如果容忍度的临界值为 20%，潜在产出上升更加迅速。注意，同样的，如果保持其他情况不变，而储蓄率的标准差变小（图 17 为 1%）——意味着私人部门的储蓄行为更加稳定，银行的储蓄"转换"风险变得更小了。注意，最终如果通胀压力的出现不再是一个问题（$\alpha = 95\%$），商业银行将吸收 t 时所有的存款并有条不紊地启动投资项目，而潜在产出将比储蓄率稳定时增加得更快。然而，经济将经常处于强制储蓄情形。

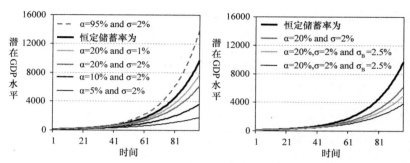

图 17　经济活动作为通胀—容忍度和储蓄行为波动的函数

资料来源：作者自行计算。

到目前为止，我们都是假定商业银行能够完美地知晓家庭的储蓄行为，或者更加精确地说，知晓描述家庭储蓄行为的分布函数。事实上，银行所使用的信息工具仅仅能够使其大致地认识家庭储蓄行为。对于银行而言，假如 s_t 服从均值为 s、方差为 σ_B 的正态分布，其中 $\sigma_B > \sigma$，两种不同的标准差表明了银行的信息工具存在缺陷。我们可以很容易地发现，按照先前的框架，其他条件保持不变，这一缺陷程度越大，潜在产出的增长也将越弱（如图 17 的右图所示）。虽然具有概括性，以上的演示表明了金融系统信息状态以及其所使用的信息工具的质量，对有利于经济增长的储蓄的重要性。同时，它还表明了对通胀风险的厌恶程度所扮演的角色。

第二节　存款吸收人的信息工具

金融系统为那些希望"存款"的客户提供了不同种类的金融投资。通过在这些投资中选择，代理商就他们未来金融投资的现金流进行信息交流。在此基础上，金融系统将能够决定其即将发放贷款的数量、性质和到期日。企业和家庭将其资金投到中介机构——存款吸收人，它们显然在收集未来金融投资的信息方面扮演着特殊的角色，而它们收集信息的方式却相差很大，这种差别取决于它们是否拥有创造货币的能力。

中央银行与商业银行间的相互作用

处于货币流通核心地位的银行是一个特例。银行拥有将其创造的货币作为贷款发放的权力，它们发放贷款的额度并不受它们所接收到的金融投资额度的限制，而是能预测这一数值。靠它们自己，银行可以无限量地发放贷款。然而，央行有权对其施加特定的约束。如果货币政策管理得好，这些银行有动力调集它们可能拥有的关于金融投资的信息，通常情况下这些投资在未来将由银行支配。

为了理解这一点，我们假定起初只有一家商业银行，它有义务在中央银行持有与未偿还的存款总量成比例的准备金，同时它还必须永久地满足客户的现钞需求。这些现钞和准备金是商业银行无法创造的一种货币形式，只有中央银行有权力这样做。为了获得这种货币，商业银行必须以央行货币政策委员会所设定的利率进行借款（专栏1）。为了满足其准备金义务和现钞需求，商业银行这一持续的借款需求使其变得非常脆弱。如果贷款"太多"，它将承受中央银行提高政策利率的风险，进而增加其在货币市场借款的成本。如果未能预见这一成本增加，商业银行的利润将减少，中央银行也可以提高商业银行被迫持有的准备金比例，商业银行的利润将减少更多。值得注意的是，如果只有一家商业银行，贷款"太多"对应着一个非常明确的宏观经济情形，发放的贷款将使得经济超出充分就业水平，并导致通胀高于央行准备承受的预期。

面对"惩罚性"的货币政策的威胁，当我们的商业银行决定其新贷款数量时，它们发现其利率通常已经将未来可得的金融投资的所有信息纳入考量，而经济仍然保持在充分就业水平。如果银行同意对一项固定资产项目进行投资，且不采用"惩罚性"的利率借贷，将来它是否能够妥善处理所有在建项目贷款融资的资金提取？金融投资是否正常可用且足够使其维持到所发放贷款的到期日，或者是否可以避免过度使用？通过使银行对所发放贷款的期限以及对资金承诺的相关风险有更清楚的了解，银行资产负债表负债方的金融投资所提供的信息将帮助其来回答这些问题。

银行的信息和决策活动

银行的负债一定程度上由不同期限的债券构成，而银行提供的关于这些债券的信息是明确的。通过发行这些债券，银行已经锁定了其部分资源的成本及期限。存款已经被转换成证券并且资金已经被冻结至到期日。在同一投资期，银行可以出借相应的金额，但不必承担丝毫的"转换风险"。此外，与债券市场经营者的持续接触，使其可以了解，不久的将来，在这一市场上能找到什么样的资源。

负债的另一部分由不同期限的账户和存款构成。那些选择这一类型金融投资的人虽然并不是完全致力于保持存款数量不变至到期日，但是透露出这样的信息，即他们并无计划在一定时期内使用这些资金。银行过去的经验使其能够判断，至少在正常的情形下，这些存款被过早地撤回的可能性，同样使其可以或多或少地准确预测这一类型投资的未来现金流入。

负债的最后一部分由活期存款构成。活期存款，意味着存款持有者可随时使用其存款，而不用在发生任何交易之前事先通报。这也是他们选择将其部分资产以这种形式安排的原因。然而，银行能够在过去经验的基础上或多或少地精确预测活期存款未来的变化。最后，为了决定其新放贷款的数量，银行还有最后一个信息来源，即已发放贷款的还款时间表。那些从银行获取贷款的人，会持续地储蓄其部分收入用于偿还债务，进而为银行创造了一系列的资源，而银行对这些资源可以很容易地进行预测。

依据这一批信息，并在财务部门收集、分析日常数据的基础上，商业银行将决定其准备发放贷款的总量及期限，进而决定其所要承担的流动性风险。由于中央银行会因商业银行贷款"过多"以及通胀风险上升（记住银行部门仍然只由一家银行组成），而对其进行"惩罚"，因此，商业银行会尽力使用其可得信息以减少惩罚，使这种惩罚的可能性低于一定水平，即其对风险的厌恶程度越大以及中央银行严厉性的名声越大，这一惩罚可能性越低（专栏6）。如果有几家银行而不是此处假定的一家的话，这一机制仍然可以运行。事实上发放的贷款的总额仍将决定存款总额，但是这种平衡不适用于每个单独的银行。于是银行间市场将使得银行各自的资金相互融通成为可能。

在这个市场上，银行用于日常发放贷款的货币并非是其创造的，而是由中央银行发行的。在任何特定时刻，那些在中央银行拥有超额存款的银行都可以将其贷放给那些没有足够存款的银行。如果政策利率上升，借款银行将受到惩罚，相反，更加谨慎的银行将会受益。然而，除非达到监管者介入的程度，这部分的负债将不能为借款银行提供关于未来可得资源的信息，一些银行将成为永久的放款人，而其他一些将成为永久的借款人。这些银行间贷款的利率与政策利率直接挂钩。事实上，通常情况下银行常常选择从另一家银行或者从中央银行借款。如果我们假定银行是完美健全的，那么银行间利率可定义为无风险隔夜利率，并且我们不久将会看到，这一利率在决定金融系统采用何种利率的过程中起着关键作用。

非银行中介机构的信息活动

不同于银行，其他存款吸收人仅可以出借它们实际拥有且可自由支配的货币。由于不能创造货币，货币只能在它们之间流通。但它们在调动有关未来金融投资现金流的信息方面发挥着至关重要的作用。对于养老基金而言（或者对于现收现付养老金制度的储备基金），这显然是正确的。这些基金掌握着其成员金融投资行为非常精细化的信息，它们对后者年龄结构的了解，使它们能够相当精确地预测在相对遥远的投资期它们将接收的钱以及将支付的钱的演变情况。因此，它们始终能相当精确地知道它们能够将多少钱交给经济的其他部分来支配（或者是从经济的其他部分收回多少钱）。对于保险公司而言，也是如此，与用户定期支付保费作为交换，在一些具体情况下（退休、死亡和伤残等），它们承诺支付一笔资金或者年金。此外，鉴于它们对所覆盖的人口方面的经验和知识，它们能够相当精确地预测在未来好几年它们有什么资源可以支配。

长期愿景似乎使得这些存款吸收人成为"长期投资者"的原型。虽然它们掌握了未来金融投资现金流非常精确的信息，使得它们能够审慎，但是由于缺乏必要的信息资源和监管框架，它们通常不直接投资金融项目，而是购买可以在市场上交易的证券，即股票和债券。通过不断调整这些证券的到期日以期从可能处于其支配的资源中获得最大收益，它们与其他金融机构（或者直接与非金融企业）至少交流部分其拥有的信息，而债券市场在这一交流中起到关键作用。

第三节 债券市场的作用

债券市场在金融体系中占据特殊位置，它能够使得存款吸收人（或者储蓄者本身）明确地传递其所支配的部分信息。当一家保险公司购买债券时，它为发行人提供精确的信息，即它们刚刚借入的资金在到期之前不能被收回。如果借款者是企业，它可以发起一个投资项目而不必担心任何进一步的融资。注意，发行总量并未涉及直接投资支出。不管其融资方式是怎样的，项目实际上在随着时间延续。如果一家企业在债券市场借入 10 亿欧元为发展新生产线融资，持续时间为 4 年，该项目每年的支出将只占总额的一部分。通过发行债券保证了项目的融资，企业将把在短期内筹集到的大部分资金用于投资，而将投资的结构问题留给财务主管来决定。如此一来，财务主管反过来会把企业预期在未来为实施投资计划而取款的时间表或多或少明确地传达给金融系统。

央行对长期利率形成的影响

债券市场是存款吸收人和拥有闲置资金的机构可以购买不同期限的债券的场所。市场价格的形成决定了信贷供给的基本要素，即收益曲线。这条涉及期收益的曲线充当了金融系统中所有已发放贷款的参照，而不论贷款的性质和受益人是谁。假定一家虚构的保险公司相信其可以支配一笔 7 年期的 10 亿欧元资金，并用其购买一家银行发行的 7 年期债券，那么，银行就知道它将可以支配一笔以债券市场利率计的 7 年期资金，而这将影响同一时期银行所发放贷款的利率。由于贷款需求对利率敏感，尤其是家庭贷款是长期贷款需求，债券市场利率形成的方式在货币政策传导中起到了核心作用。

因为长期利率依赖于债券市场上经营者对未来政策利率的预期，故由中央银行决定的政策利率与债券市场收益曲线之间的联系是非常密切的。这很容易解释，让我们以一个完美有效的银行（银行来年违约的可能性为零）为例，它可以通过发行 7 年期的债券从我们的保险公司借款，或者可以在 7 年的时间里，每 3 个月发行一次短期证券（例如，可转让大额定期存单），这两种方式完全是相同的，这些证券的报酬将接近于银行间市场利率（因此，也接近于中央银行的政策利率）。因此，我们的保险公司可以按债券市场价格借出 7 年期 10 亿欧元，也可以投资同样金额的可转让大额定期存单，这些存单的收益将每 3 个月调整一次，并且在 7 年中依此规律性间隔进行重新投资。它可以通过对当前 7 年期的利率与其所期望的未来 7 年的货币市场利率进行对比，从而在两者之中进行选择。银行根据同样的原理，在 7 年期的借贷和在相同的期限内发行可转让大额定期存单之间进行选择，它将依据其对这期间市场利率的预期做出决定。因此，债券市场利率将取决于经营者对未来政策利率水平的预期。

要了解央行如何对涵盖不同期限的收益率曲线施加控制，首先我们有必要了解未来政策利率的预期是如何形成的。美国市场可得的长期数据使得获取这些信息变为可能，进而可以根据这些信息推断出其形成所隐含的逻辑。有一个最显著的情况：在一到两年的时间里，预期的误差相对不太大——至少自20世纪90年代初，美联储致力于提高其政策透明度以来更是如此。通过使其行动背后的原则更加明晰，甚至切中其即将要执行的政策利率的轨迹，美国中央银行在短期内相当精确地指导了市场预期。[Kool & Thornton，2012]。

美联储并非唯一一个选择"前瞻性指引"的中央银行。2013年夏天，欧洲央行通过宣布"在相当长的时期内"维持其低利率水平，最终放弃了其在许多情形下重申的规则，即不会"预先承诺"其未来政策。这或多或少地明确了欧洲央行对预期的指导，因此属于真正的货币政策工具，它和政策利率变化具有同样强大的效用。当中央银行暗示将提高其利率时（或者市场从其对银行政策潜在逻辑的理解，确信了这一事实），长期利率将变坚挺，这种变化将影响对这些利率敏感的贷款需求；相反，政策利率预期向下修正，长期利率趋于降低，将刺激需求。

名义增长的历史回顾

然而，长期债券收益并不仅仅取决于对未来几年的预期。更长时间范围内的政策利率预期在决定其利率水平中起着更为重要的作用。就较长时期而言，政策利率预期必然不那么精确，但是某些信息是可以使用的。在之前的周期，实际政策利率（如因通胀调整）围绕其波动的数值已知，据此可以推测，下一周期的平均值与此不会相差很多。在预期的实际平均短期利率的基础上，必须加上对未来长期通胀的预期。有调查显示（例如美国的专业预测师调查机构①），这些长期通胀的预期具有相对惰性，经济部门倾向于预期来年的通胀与过去几年观测到的结果相似。在过去的几十年里，美国 10 年期国债的收益率围绕由过去十来年的名义增长率决定的数值波动（图 18）。这可以解释为平均实际短期利率的值（过去 10 年间实际 GDP 的增长率）以及通胀预期，该通胀预期也反映了这 10 年观测到的通胀情况。对之前较长历史时期的回顾表明，市场预期具有更多的"适应性"，而非"理性"。20 世纪 80 年代初期，美国中央银行明确宣布其目标是打败通胀，经过这么多年，债券市场才承认这一目标达到了。所以说，市场预期更多地是适应性，而非理性，除此以外没有更好的解释。

　　在相对较长的时间范围内，债券市场在日常基础上形成的"无风险"长期利率显然可能会与"正常的"政策利率平均水平的预期发生实质性的偏离。首先，正如我们刚才所见，它们将依据央行决定的政策利率以及所附公告给出的指示的变动而波动（图 18）；其次，它们将随特定种类的风险溢价——期限溢价（the term premium）的变动而波动。长期利率之所以在推理过程中被称为"无风险"，是由于它们并不包含信用风险（借款人被认为资金相当充足），但是这并不意味着它们不包含利率风险。如果明天的政策利率高于预期，保险公司就会后悔把资金固定了7 年之久，获得的报酬还不如重复购买存单获得的报酬多（相反，银行将会为自己喝彩）。贷款人将以期限溢价的形式得到这种风险的补偿。正常情况下，债券的期限越长，且同一期限的债券数量超过需求越多，其溢价会越高。相反，如果存款吸收人能够支配大量的长期存款，它们对债券的需求倾向于压缩这一溢

---

　　① 译者注：美国专业预测师调查机构（the Survey of Professional Forecasters for the United States），是美国历史最久的宏观经济季度预测机构，隶属于美联储费城分行。

价，甚至使其变为负数。通过大量购买长期证券，从而投放同一期限的资金，中央银行可以开展同向操作。当市场已经预期较低的政策利率将持续相当长的时间，它可能处于被称为量化宽松（QE）政策的过程中，这将进一步降低长期利率水平。

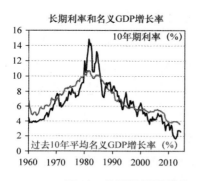 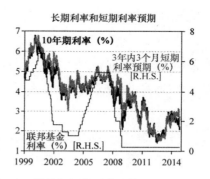

图 18　美国的长期利率、名义 GDP 增长与短期利率预期

资料来源：汤姆森数据库（Thomson Datastream）。

日复一日，对接收到的金融投资详细结构的分析，并结合对已获取的融资的回顾，债券市场为经营者提供了大量的关于金融系统的信息。在此基础上，根据央行施加的约束、提供的指示以及做出的干预，它们可以决定其准备发放信贷的期限和利率水平。通过这种方法，它们对宏观经济均衡管理做出了贡献。在利用其他信息资源评估其他风险，如评估借款人未来的还款能力方面，它们能发挥更大作用。

第四节　债务人偿付能力分析

为了使其所承担的信贷风险可以控制，贷款方没有多少选择：它必须尝试评估借款人偿付借款的能力。这一评估质量显然在储蓄配置以及潜在产出增长中起着关键的作用。贷款发放给无清偿能力的债务人或融资项目将导致资金无法回收，等于浪费储蓄。这一浪费还将涉及承担这些贷款风险的人员的损失。为了避免这种情况，贷款方将根据借款人的偿付能力来判断这类债务人的贷款利率。如认为违约风险越高，追加到无风险利率上的信用风险溢价就越高。用于正确评价信贷风险的信息工具至少有些部分是不同的，这取决于借款者是求助于市场还是银行。由于在所有情况下，这些工具的发展和使用都是昂贵且费时的，它们的专业化程度本身就将影响储蓄的分配。在特定的金融系统中，如果更多的投资用方便评估特定类型贷款或借款人的方法确定投向，那么可用存款用于这些类型贷款的概率要大于其他类型的贷款。

银行的"内部信息"及其局限性

由于不能偿还的贷款出现在资产负债表中将减少利润，故银行保护自己免受信贷风险影响是符合其利益的。为了尽可能地降低风险，在决定发放贷款之前，银行将利用各种安排旨在降低借款人与资助项目资金充裕方面的不确定性。银行在这方面拥有相当大的优势，即它们的借款人同时也是它们的客户。这通常涉及个人关系，银行的客户主要通过个人账簿完成每天的交易。这从一开始就为银行提供了将要贷款的项目质量的"内部"信息，或者是其客户以前所实施的项目的质量信息，客户完成项目的能力信息，概括来说，就是他们的财务稳健性。

当银行长期拥有某一客户的账户时，比如一家企业或家庭，对这些账户的分析为其提供了可能发放的任何贷款的特别有用的信息。至于客户在几家不同银行都拥有账户，上述理论就可能不太适用，特别是对于高收入家庭和相当规模的企业而言。但是在这个例子中存在着其他信息源：银行间信息的交换变为可能，特别是有集中了涉及借款人过去还款事件或者他们目前债务情况的信息在内的某些数据库存在。如今，在小企业或者许多家庭的案例中，人际关系常常被"统计"关系所取代。处理银行可能获得的有关借款人的数据，使得信用评级或多或少地变得明晰化，这样对小额贷款，尤其是针对家庭的小额贷款来说，银行就可以加快决策过程，使之简化为只需检查借款人的贷款请求是否与银行认为的还款能力一致。

在同意为企业的任何大规模项目提供融资之前，银行显然会仔细审查项目的建议书以评估其可行性，这些审查将连同项目的具体特点、宏观经济的前景以及有关的生产部门纳入考量。如果收集的所有信息不足以消除对借款人还款能力（甚至其借款意图）的怀疑，银行可以让与借款人关系密切且信用良好的第三方机构做担保，以此来解决信息不足引起的问题。在大多数情况下，如果贷款规模较大，银行将会要求有一个特定的担保人。借款人用赊销方式购买的资产（汽车、建筑、机器或工厂等）或者属于借款人的其他资产将被用作抵押品。要想全面评估所承担的风险，贷款方需要考虑在借款人违约的情况下重新出售债券的价值。就房地产来说，房屋抵押贷款是惯例，通常会迫使贷款方也要审视房地产市场的前景。

在大多数情况下，贷款的决策将基于借款人本人的信息，但同时也基于经济发展前景的其他信息。实际上，其他情况保持不变的话，违约风险与经济形势的波动相一致。当经济形势恶化时，倒闭企业的数量上升，失业增加导致还贷违约事件的数量增加；当形势好转的时候，还贷违约事件将减少。银行在做决定时，不得不依赖于对一系列信息源进行分析，这些信息源不仅包括借款人的信用情况以及工程的质量，而且包括其经营部门的前景，更为普遍地来讲，还包括经济的前景。由于向信息渠道求助费用很高，有些金融机构专门从事这项活动，使得相关费用可以分摊。例如，相关机构通过各种方式对个人进行"信用评分"，然后，潜在的贷款方将使用这些分数。其他单位，例如美国抵押贷款证券化机构进一步通过提供额外的担保费用作为贷款回报，以满足一系列固定的标准，通过这种方式，它们接管已发放贷款的信用风险。

评级机构的角色

假如现在借款人转向债券市场而非银行，贷款人的信息来源将是不同的。正如我们看到的那样，债券市场借款通常数额较大，意味着家庭或者大多数企业均无法直接从债券市场借款，只有政府与相对较少的企业可以从债券市场获得资金。同时，由于大量的债权人认购了某一借款人发行的同一证券，由债权人和借款人的直接关系构成的信息渠道再也不起作用了。对债券市场上每个发行人的信用进行评估本质上都基于借款人自身披露的消息。在此基础上，通过回答这些问题从而尽可能地进一步增补信息，某些专业的金融机构（信用评级机构）对每一个潜在的借款人进行评级，并可能附有详细的注解，用于说明借款人的信誉以及其所从事行业的前景。虽然借款人为机构的评级支付报酬，但通常并不意味着其可以随心所欲。为了使评级结果有价值，评级机构必须获得并且保持诚信的声誉。当非金融机构（特别是家庭）认购发行的债券时，这些评级常常构成了关于借款人违约风险的主要信息。若认购方为金融机构（如保险公司或基金经理），这一评级只是用于评估风险的几个因素之一。类似于银行案例中提到的其他因素也将被用到。

由于金融机构的目标是为了赚钱盈利，所以只有当它们有能力（至少在一定程度上）评估风险时，才会向外发放贷款。要想使贷款变为可能，风险必须是相对可以预测的。正如我们刚才看到的那样，这些机构通过对过去的观察获得当前决策所依赖的信息（包括微观和宏观经济信息）。因此，只有当经济相对稳定时，它们的信息来源才能很好地发挥作用。尤其是通胀和增长，其演变方式都必须相对比较稳定，这在发达经济体是常见的，但在不发达经济体则非常少见。当经济的稳定性可以保证时，发展专门的信息工具用于对各类贷款和借款人风险评估是可行的。当这些工具到位时，贷款的分配可以迅速且准确地对货币政策的刺激做出响应。另外，对于不同情形的国家，特别是那些金融系统并不发达的国家，这种响应不太清晰，并且会给后者带来一个严重的后果：世界经济的"金融全球化"将使得地球上一个地方产生的储蓄用来资助另一个地方的支出成为可能，可用储蓄的吸收将优先在拥有强大融资渠道的地方发生。

这些融资渠道的特征不仅在于其使用的信息工具的质量和性质，还在于它们能够承担的风险数量。像所有私人企业一样，每一个金融机构都有一定数量的股权资本，如果未来其累计亏损超过了这个数量，金融机构就会破产。为了避免这种情况发生，并且考虑到它们经济活动的特殊性，金融机构（不能自我约束的时候）要受到特别的"审慎性"规则的约束，比如需要在其股权资本和承受的风险之间保持一个最低比例。这意味着每个单位可以支配的股权资本的数量（或者分配给从事某种贷款业务的部门的数量）至少暂时限制了通过这个渠道贷款的额度。

只要贷款分配渠道的风险承受能力没有达到饱和状态，金融系统就可以对货币政策的刺激产生旨在鼓励信贷的响应。在经济中，只要存在大量的储蓄和资金积累，大部分的金融信贷是长期的，并且实体经济的增长没有被银行方面新增贷款所增加的风险的承受能力不足所束缚，那么相关风险就会自然而然地在金融系统中循环。但是，如果不小心就会导致一个显而易见的危险：贷款的供给最终将更多地受制于减少所承担风险的难易度，而不是刚才讨论的信息资源的运用。

第四章　金融与风险循环

　　金融系统在货币约束的日常管理中起着关键作用。货币在这个系统内发行和流通，与此同时，人们也在这个系统中承担风险。一旦开始承担风险，就得持续承担这些风险，一直到产品到期。通过让风险得以循环，金融系统可以帮助人们承担这些风险。市场的扩大给那些愿意承担或转嫁金融风险的人们提供了可能性，在这些市场上，"投机"行为的发生往往导致它们被视为"脱离现实"。然而，使那些承担风险的人能够转嫁风险（这样做可能会使其遭受一些损失），能减少规避风险对资金供给造成的障碍。

　　任何人都不能确信能准确地评估一种风险，就像任何人都不能确信可以承担这一风险直到到期。传统的金融市场，尤其是股票市场，一直是风险循环的场所，且市场上价格的变动清晰地阐明了它们估价的波动性。通过证券化，可以使债权得以转让。证券化导致了新市场的出现，在这些新市场，存款吸收人（保险公司、养老基金等）可以承担风险，并确保能为通常并不属于其业务的贷款融资。近期对金融衍生产品和贷款证券化的普遍化越来越依赖，标志着证券化发展的新阶段，被称为"冒险者"的经营者们（都是非储蓄机构），现在能够承担包括现有贷款所涉的全部或部分风险。

　　风险循环范围的扩张是金融发展的一个方面，货币当局必须要学会控制。这是因为这种"非融资性金融"发挥着很大的作用。把风险引向非储蓄机构，就可以避免非风险承担机构手中储蓄的积累抑制业务的增长。"新中介"在此基础上产生，因其开创的自由程度，有利于宏观经济调控和货币政策的实施。然而，这也是新的危险来源，由于风险链条既冗长又错综复杂地交织在一起，因此，链条中任何有漏洞的一环都容易受到攻击。此外，那些交易参与者的信息收集和决策行为与其他市场交易者相似，却也很短视，且风险意识易于波动，其结果是使金融系统更加不稳定。

第一节　传统市场的角色

股票和债券市场在金融体系中占据着特殊地位，这个市场是以股票或借贷的形式获得融资的场所，而该市场上发行的有价证券可以进行交易和流通。由于经济和金融的发展，这些"传统"市场的功能已经变得有所不同，特别是在美国。债券市场的融资作用在前面的章节中已经进行过描述，其一直在持续不断发展，与此同时，股票市场却有所萎缩。后者主要确保股权资本在公司之间的再分配，以及持有股票所涉及的风险在投资者之间的循环。

在约 20 年的时间里，发达经济体的股票市场和债券市场的市值已经翻番，分别接近 GDP 的 100% 和 200%。同时，在新兴地区，尽管这两个市场自 21 世纪初开始迅速发展，2013 年末在世界资本市场中仍只占相对较小的份额（图 19）。在这方面，美国继续占据主导地位。在美国市场上，非金融企业发行的债券尤其发达，几乎占世界总量的五分之三。美国企业这种借助于市场融资的情况并不是一个新现象。在 20 世纪 50 年代初，这些借款已经占到它们借款总额的 50%，且自 20 世纪 80 年代初以来这一比例还在稳步上升（侵蚀了银行融资），现在这一比例多达 85%。然而，从世界水平来看，非金融企业在债券发行总量中只占很小的份额，政府和金融部门是迄今为止最大的债券发行商。

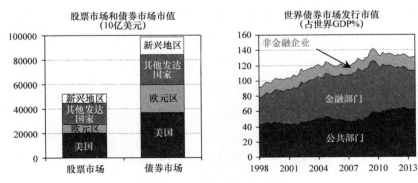

图 19　传统市场的重要性日益增长

资料来源：国际清算银行和汤姆森数据库（BIS and Thomson Datastream）。

　　在债券市场增长的同时，投资者的性质也发生了变化。在20 世纪50 年代初，家庭和银行持有近三分之二的未偿付国库券，但到了2013 年，直接持有的只占到10%。在某种程度上，这种趋势反映了机构投资者（投资基金或养老基金）日益增长的重要性，这也可以由新兴国家的外汇储备中债券的积累量来解释。债券持有者也变得更加多样化。在20 世纪50 年代初，保险公司持有美国公司（当时主要是非金融企业）发行债券的三分之二，在2013 年底这一比例仅为五分之一。

　　当然，市场规模的扩大，对于发行人和投资者都是利好：市场深度越大，出售债券不影响其价格的可能性就越大。日交易量揭示了这种流动性：在2013 年7 月至2014 年7 月，美国国债的一级交易商——这个市场上最活跃的操作者，每天的平均成交数额不低于5000 亿美元。同样，美国股市每日交易量达到将近1300 亿美元。换句话说，这相当于一年的股票总市值。事实上，今天很多人都认为，股票市场是按照与实体经济没有关系的价格进行证券交易的场所，而不是企业发展所需股权资本的来源。

他们的观点并不完全错误。在发达经济体中，公司作为一个整体，股市不再仅仅是股权资本的来源，有时价格的波动非常剧烈。市场——其中股市是典型——其本质就是泡沫和恐慌经常发生的地方。然而，如果由此便得出市场是没有效用的结论，却是目光短浅的。

股市的风险循环和权益资本循环

美国的数据似乎证实了股市在融资增长中发挥了相对较小的作用。虽然在债券市场上募集的资金数量逐年稳步增长，但是自20世纪90年代初期以来，净权益（即扣除公司自己持有的股份后）通常为负数！总体而言，美国公司通过回购自己公司或者其已并购公司的股票，把资本"交还"给股东。但是，这并不能隐瞒另一个事实：当回购大量发生时，并不意味着股票发行总量无关紧要。股票市场仍然是这样一个地方：企业（特别是初创企业）能够找到股权资本。自20世纪90年代开始，每年股票市场的筹资额已达到平均500亿美元左右，约有四分之一的资金是在美国股市上募集的。

这项活动在美国和欧洲尤为频繁，包括购买（或回购）特定公司的股票或由其他公司发行的股票，有助于股权资本在成熟企业和新创企业之间的重新分配。然而，这种再分配并不局限于发达经济体，也发生在世界范围。在新兴地区，股票大量上市但回购规模较小，在亚洲尤其如此（见图20）。股市并不仅仅简单地是证券流通的地方，也是众多企业股本的来源，尤其是在快速增长的行业和经济体。这显然也可以使那些迄今承担了为其发展融资所涉风险的企业，在首次公开募股的时候获得红利（有时红利数目很可观）。如果没有这一盼头，其扩张或许会更加困难。

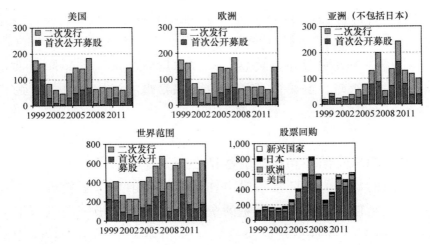

图 20　1999—2013 年股票发行和股票回购（单位：10 亿美元）

注：世界范围的股票回购数据包括了汤姆森数据库目录内的公司，公司涵盖范围非常广泛（欧元区 1255 家、美国和日本 1000 家、英国 550 家）。此外，这些数据包括除股票回购以外的交易（尤其是优先股转换为普通股）。在发达国家，我们将更可能从事这类交易的银行排除在外。

资料来源：彭博资讯，汤姆森数据库及作者的计算（Bloomberg, Thomson Datastream and authors' calculations）。

在发达经济体，股市作为股权资本净来源的作用已变得相对边缘化，其在与持有股份相关的风险循环中起到的作用仍然至关重要。在前景恶化的情况下，如果不能保证顺利卖出股票（哪怕是亏本），谁还愿意将自己的储蓄用来持有公司股份呢？实际上，评估一个公司的价值从来都不容易：其股价的变化反映了市场参与者不断变化。如果一只股票的价值被定义为公司未来支付的红利的现值，显然需要精确细致的计算。首先，它假定公司盈利前景在相当长的一段时间内可以被估算，但是如果对经济整体运行的前景没有更全面的认识就不能做到这一点。其次，要计算预期红利的现值，计算方法是把同一周期的"无风险"投资收益率作为折现率。由于预期红利的不确定性，还要加上溢价。股票市场价格的形成逻辑，清楚地表明了市场估价的局限性和其背后的市场机制。

股市估价的波动性

从保持宏观经济的视角来看，有必要研究代表着一篮子股票的股价指数而不是个股。指数中公司的预期利润是估值计算的出发点。为"IBES consensus"①供稿的分析师们为那些进入主要指数（标普500指数、法国CAC 40指数）的公司所做的预测分为两个时间段：未来两三年和更长时间。第一种观察现象也许会令人吃惊：短期预测的这些公司总利润随经济形势变化不断波动，而经济形势的变化很少被预见。当月度调查显示形势向好，则预计利润向上修正；当显示形势恶化，则预计利润向下修正（图21）。因此这种机制相比预测更像是一个反射反应。这并不意味着其没有效用：没有它，利润预测被修正就不能与经济前景同步，而是要滞后！

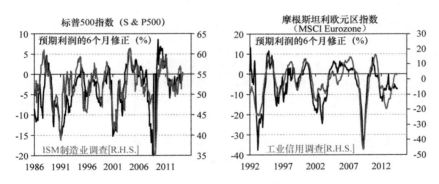

图 21　经济形势和分析师的预测误差

* 欧洲委员会的调查。

资料来源：汤姆森数据库（Thomson Datastream）。

对他们来说，预测较长时期的利润增长，主要依据的是过去的发展趋势。如果利润在最近几年显示迅速增长，分析师趋于预

---

① Institutional Brokers's Estimats System，机构经纪人预测系统，这个数据库包含40000家企业和70个市场的信息。

测在未来几年利润也会快速增长，反之亦然。"经济以一个固定
速度扩张的时间越长，倾向于预测以该速度继续向前的人越
多。"［Greenspan，2001］这种行为往往会扩大价格的波动。前
面描述的风险溢价的影响会在同一方向起作用。为了说明这一
点，观测欧洲和美国股市价格，来计算各自的潜在风险溢价是可
能的［Brender & Pisani，2001］。从这个计算结果可以看到，公
司风险溢价各不相同，与其商业周期密切相关：当情况向好，风
险溢价就收窄，反之亦然（图 22）。

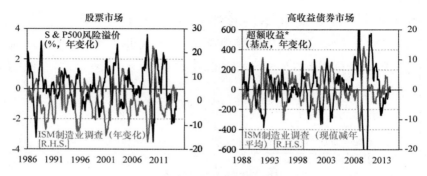

图 22　美国市场风险溢价的周期性动态

　＊首先，公司债券的风险溢价，要计算公司债券与同期限国债的收益率之差。接着计算的
"超额收益"，要从计算出来的溢价中扣除穆迪（Moody）公司过去 12 个月的违约率乘以 60% 的既
定损失比率。

　　资料来源：汤姆森数据库和作者的计算（Thomson Datastream and authors' calculations.）。

　　这些不同类型的行为的表述意味着，股市的价格很容易发生
非常大的变化，并不断地偏离任何可能被视为基础的价值。如果
经济形势向好，分析师将会预测当期利润快速增长，同时风险溢
价将下降。如果情况能保持良好态势，长期利润预期将按序向上
修订，从而导致股市指数普遍上升。然而，最终结果达到的水平
极为脆弱，很容易被放缓迹象所逆转。因此，股市指数给了公司
价值一个动态的衡量。此外，在经济或地缘政治冲击事件中，持
有股票要求的风险溢价将会大幅上升，引发价格下跌。

最后补充一点，即公司债券的信用风险溢价表明，相关的违约风险市场评估本身在很大程度上具有顺周期性，在经济形势向好时降低，在经济增速放缓阶段上升（图22）[1]。这使得第二章中的一些观点更容易理解。当经济活动加速时，企业（尤其是那些在市场上融资的公司）的融资条件改善，其实际投资增加，融资活动扩展。它们通过借贷或者运用自己的股份取得其他公司的部分或全部股份，这反过来又推高了股票市场的价格。如果央行缓慢地加息，则将难以遏制这场金融盛宴。

第二节　证券化的作用

除传统市场之外，证券化推动了新市场的兴起：通过资产证券化，原来不能够流通的贷款能够流通，扩大了债券流通的范围。可以说，尽管证券化并不是新事物，但是至少由于次贷危机的爆发，资产证券化名声已坏。德国的抵押债券市场在18世纪中期开业，在七年战争之后，主要帮助地主区域联盟（Landschaften）找到融资途径［Wandschneider，2013］。丹麦的资产担保债券市场促进了哥本哈根1795年火灾后的重建融资工作[2]。

实施资产证券化目前有两种主要方法。第一类由银行围绕其资产负债表发行一组贷款支持证券构成，例如由德国发行的抵押债券或法国发行的资产担保债券。这些债券为其持有者提供双重

---

① 译者注：美国供应管理协会（the Institute for Supply Management，ISM）成立于1915年，是全球最大、最权威的采购管理、供应管理、物流管理等领域的专业组织。ISM制造业指数（Institute of Supply Management Manufacturing Index）是由ISM公布的重要数据，是首份以制造业为焦点的月度经济报告，分为制造业指数和非制造业指数两项，通常以50为临界点，高于50被认为是制造业处于扩张状态，低于50则意味着制造业的萎缩，影响经济增长的步伐。

② 哥本哈根大火：1728年10月的哥本哈根大火是哥本哈根历史上最惨重的火灾，根据灾后的估计，28%的城市建筑被烧毁，城市70000人口中20%无家可归，死伤人数不详。1795年7月5日爆发的另一场大火持续了3天，哥本哈根四分之一的城区再次被大火蹂躏，909处建筑被毁，74处建筑受损。经过18世纪这两场大火的洗礼，中世纪的建筑从此在哥本哈根销声匿迹。但催生了一个蓬勃发展的产业——典当。

保障：除了由贷款提供的后盾之外，发行银行还充当偿还的担保人。第二类是发起人将信贷资产出售给特殊目的机构（vehicle），该机构以这些资产债权为支撑发行有价证券融资。欧洲金融机构倾向于使用第一类证券，即发行资产担保债券；而美国金融机构青睐第二类证券，如果获得的贷款是住房抵押贷款就发行住房抵押贷款支持证券（MBS），在其他情况下就发行资产支持证券（ABS）。

这两种方法有一个共同特点，即银行不再担心其投放贷款的融资问题，因为这将由所发行证券的购买者来考虑。根据所使用的方法，不管怎么样，银行都将消除部分或全部与这些贷款相关的其他风险。在发行 ABS 和 MBS 的情况下，银行将不再承担任何风险，而只在有资产担保债券的情况下，仍然保留了其违约风险。当然，银行不再需要担心的风险并未消失，而是由证券化的债权购买者承担了。后者是否已经正确评估了这些风险是一个值得我们回头关注的问题。可以肯定的是，这些证券使金融机构的资产构成变得多样化，或使其更加符合自己的负债结构。

住房抵押贷款证券化市场

虽然自 20 世纪 90 年代初以来，各种形式的证券化都有稳步增长，但某些类型的贷款比其他形式受到更多的关注。在美国和欧洲，家庭抵押贷款占证券化债权的近 80%。而这两个地区，虽然比例类似，但是总规模不同。2013 年底，美国的住房抵押贷款支持证券未偿还余额（超过 87000 亿美元）为欧洲（41000亿美元）的两倍，后者由 28000 亿美元的资产担保债券和 13000亿美元的 MBS 构成。在美国，被证券化的住房抵押贷款比例自20 世纪 70 年代初开始不断地上升，至 20 世纪 90 年代初超过了50%，在 2013 年底接近了 75%。证券代理机构——房利美（Fannie Mae）、房地美（Freddie Mac）在这个进程中发挥了重要作用①。通过授权它们为特定类型的抵押贷款提供担保，促进了住房抵押贷款支持证券的交易。

就像经常强调的那样，证券化的可能性有利于住房抵押贷款的发放。一旦贷款已经售出，银行能够减轻其承载风险和提供融资的压力。这种可能性也影响发放贷款的性质，并影响货币政策的传导。例如，银行不愿承担长期固定利率贷款提前偿还的风险，在美国，证券化则使银行发放这些贷款的时候不再犹豫。当利率下降时，家庭可通过以较低的利率借入新的贷款来偿还现有贷款，这也相应增加了银行的消费能力。在美国，证券化在创造这种类型贷款的优势中发挥的作用是显而易见的：当证券化的可能性受到限制的时候，银行抵押贷款的份额就会减少。举例来说，这一比例在储蓄银行系统里面比在商业银行系统里面更小——这要受到它们资产负债表中资产方能够持有的抵押贷款或MBS比例的规定的约束［Fuster & Vickery，2014］。还有一点要注意的是，在美国尽管选择提前还款司空见惯，但在其他国家较少见，在德国几乎不可能。此外，为了覆盖利率和流动性风险，德国银行发行的固定利率抵押债券的期限与发放的贷款的期限接近，也是一个原因。当利率下降时，如果借款人提前还款且免于惩戒性处罚，可能会使他们暴露于风险损失之下（其贷款报酬下降，而提供资金的成本仍保持固定）②。德国家庭对长期利率下降的反应相应地不那么敏感。

---

① 译者注：房利美是 Fannie Mae 的音译，法定名称是"美国联邦国民抵押协会"（Federal National Mortgage Association），一般缩写为 FNMA。房地美是 Freddie Mac 的音译，正式名称为"美国联邦住宅贷款抵押公司"（Federal Home Loan Mortgage Corporation），一般缩写为 FHLMC。它们是美国最大的两家非银行住房抵押贷款公司。房利美和房地美分别设立于 1938 年和 1970 年，属于由私人投资者控股但受美国政府支持的特殊金融机构。两家公司的主要业务是从抵押贷款公司、银行和其他放贷机构购买住房抵押贷款，并将部分住房抵押贷款证券化后打包出售给其他投资者。2008 年，受次贷危机影响，房地美、房利美身陷 700 亿美元亏损困境，9 月 7 日起由美国联邦住房金融局接管。2010 年 6 月 16 日，美国联邦住房金融局发表声明，要求其监管的房利美与房地美从纽约证交所和其他全国性证交所退市。

② 丹麦的资产担保债券市场在这方面是个例外。由于证券的发行将提前还款风险转移给证券持有人，该国的金融机构跟美国一样，允许长期固定利率贷款提前还款。

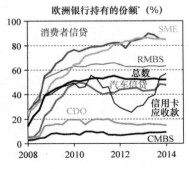

图 23　证券化和风险保留

　　*所使用的数据由证券业和金融市场协会（SIFMA）提供。它们涉及贷款证券化的起源国，像那些由欧洲央行发行的，而不涉及证券化特殊目的机构的所在地。例如爱尔兰贷款资产证券化的数据，比爱尔兰特殊目的机构资产负债表里的未偿还资产要低得多。

　　**仅包括由住房抵押贷款支持的 MBS。

　　资料来源：美联储、证券业和金融市场协会（Federal Reserve and SIFMA）。

　　还应该注意到欧洲和美国市场之间抵押贷款证券化的最后一个区别。如图 23 所示，欧洲银行仍保留证券发行在自己的资产负债表中占一定的比例。在 2013 年底，MBS 占到了近60%，自2011 年以来，意大利和西班牙的银行发行了大量资产担保债券。因此，在这种情况下，证券化扮演的角色有些特殊。银行更多地依靠证券化来增加符合欧洲央行再融资条件的投资组合，而不是处置贷款，从而保护自己免受流动性风险。

ABS 市场

　　住房抵押贷款显然不是被证券化的资产的唯一类型。ABS产品随着时间的推移也不断扩大。在美国和其他地区，随着证券经营者数量的增加，不断扩大的资产范围成为证券化的主题（图 24）。虽然涉及的总额不如住房抵押贷款那样令人印象深刻，但汽车消费贷款、信用卡应收款和学生贷款的证券化在 20 世纪90 年代取得了相当大的扩展。至 2013 年底，这些类型的证券化资产的未偿还数额在美国达到 5000 亿美元，在欧洲达到 1600 亿美元（图 24）。

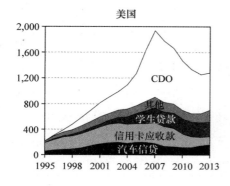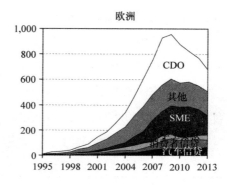

图 24　1995—2013 年美国和欧洲"传统"ABS 和 CDO 市场的规模（10 亿美元）

资料来源：证券业和金融市场协会（SIFMA）。

其他类型的贷款，均质化程度低，故更难以资产证券化。一个特殊的例子就是给小企业的贷款。在欧洲，这些贷款在 2013 年底的未偿还数额略超过 1500 亿美元（欧元区国家自身约 1350 亿美元）。欧洲银行保留的所发行证券的比例尤其高：2013 年其资产负债表上仍有 85% 是证券。在美国，小企业管理局（Small Business Administration）的担保贷款证券化余额达到近 330 亿美元。即便如此，美国小企业对融资市场的参与程度已大幅上升，从 20 世纪 80 年代初几乎为零，发展到 2010 年几乎为债务总额的四分之一［Wilcox，2011］。个人贷款和更多的非住宅抵押贷款被证券化——商业住房抵押贷款支持证券（Commercial Mortgage - Backed Securities）或 CMBS，然而，这种参与市场的形式在很大程度上仍然是间接的。

针对大公司的贷款证券化（抵押贷款除外）是更近期的事情。鉴于其规模，这些贷款最初是由数家银行发放，其中一家担任牵头银行。这种"辛迪加"并非什么新鲜事，它使得石油美元环流流向发展中国家的主权借款人，直到 1982 年爆发墨西哥债务危机。之后在 80 年代又经历了一个新的扩张阶段，并购案例激增。20 世纪 90 年代中期，银行开始使用一种新的工具来降低部分与这些贷款有关的高风险。发行贷款抵押债券（CLO）是一种出售企业贷款的时髦方法。银行发放的银团贷款，往往通过抵押管理人为中介，打包成贷款支持证券。

根据 SIFMA 数据，2013 年末，在全球范围内 CLO 未偿还金额超过 4000 亿美元。正如在其他证券化交易的情况下，对这些贷款的处置增强了银行资产负债表中项目承担风险的能力。基金经理的活动采取的形式略有不同，但结果是一样的，通过创建一个获得银团贷款的基金——也被称为杠杆贷款——然后代表客户管理它们。这样一来，非银行投资者购买新产生贷款的比例越来越大 [Bord & Santos，2012]。值得注意的是，CLO 市场发展成为较大的市场——担保债务凭证（CDOs）的一部分。CDOs 与 ABS 不同，ABS 处理相同性质债权的投资组合，而 CDOs 代表着银行债权或金融工具的多元化。CDOs 具有"结构化"的层级，允许根据投资者不同的风险偏好，将潜在的风险—收益投资组合，重新分配给投资者 [Cousseran &Rahmouni，2005]。

评估证券化资产未偿还金额是件棘手的事，因为用作统计来源的数据所使用的定义有很大的不同。狭义定义上，证券化只包括 MBS 和 ABS（不含资产担保债券），主要市场位于美国，截至 2013 年底，这些证券化资产的总存量突破 10 万亿美元，相当于世界总量 13 万亿美元的五分之四。如果加上资产担保债券，全世界总额上升到接近 17 万亿美元（图 25），美国的份额下降到 60%，而欧洲（资产担保债券市场在欧洲）上升到 35%。

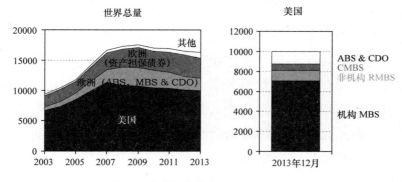

图 25　全球证券化市场（10 亿美元）

资料来源：欧洲资产担保债券理事会、证券业和金融市场协会（ECBC and SIFMA）。

证券化的利与弊

通过使非银行机构承担银行所发放贷款的部分风险，证券化大大扩大了现有融资渠道的能力。它使银行能够继续放贷，而无须不断地动用更多的股本，同时，它使得累积的债务被放置在那些愿意持有的投资者手中。银行的融资负担和承担的相应风险以这种方式在更广泛的存款吸收人群体中重新分配，这些存款吸收人常常在寻求长期投资。

虽然证券化的益处是不可否认的，但忽视它所带来的监管问题仍然是危险的。证券化并非总是把风险转移给其他机构，相反，它使银行将风险集中，在其资产负债表中保留风险较高的结构化产品部分，就像它们在 20 世纪初所做的那样［Rajan，2005］。在那个时期，它们也利用证券化，与其说是为了转移资产负债表中的风险，倒不如说是为了人为地（通过创建它们实际上正在承担风险的资产负债表外工具）降低其股权资本门槛［Acharya et al.，2010］。最近的经验也引发了对非银行参与者拥有正确评估风险（尤其是违约风险）的能力的质疑。因能够发放贷款而无须承担相应的风险，自然会导致银行放松对借款人信誉的警惕。如果这种警惕的放松未能由贷款风险的最终承担者提高警惕来弥补，则必然会造成发放贷款的质量恶化。

　　几十年来，抵押贷款证券化在美国运行良好，没有出现任何问题，这是因为一直有严格审慎的标准对其进行规范。证券代理机构只买入符合下列条件的贷款用以证券化：利率固定，不超过已购房地产资产价值一定比例，还款负担不超过借款人收入的特定比例，诸如此类。统计分析允许进行信用风险评估的投资组合中包含大量此类贷款。相比之下，所谓的"非机构"证券化在21世纪初迅速扩大，不受这些规则限制。这种形式的证券化依靠投资者评估这些低质量贷款（次贷）的能力，但是他们缺乏评估贷款所需要的任何权威信息。对于这样一些证券化的贷款，甚至没有人审核借款人是否有任何收入！其结果是这些证券的价格虽然提供高收益率，但偿付的前景也高度不确定，完全取决于市场经营者对风险的态度。

　　像所有金融历史展现的那样，若相信今天的经营者已经从别人过去的不幸里吸取了经验教训将是一个错误。这被2012年以来的次级汽车贷款证券化的增长所证实。诚然，在2014年初此类贷款未偿还金额为400亿美元左右，数量上是适度的，但是大量贷款的质量却迅速恶化，几乎三分之一新增贷款被归为次级，五年前这一比例仅为10%，并有近四分之一的支持资产是低于贷款价值的二手车，且期限为6—7年！按此形式，在2014年初，许多银行又开始发放越来越多高风险的杠杆贷款，而不顾美国监管当局的"建议"。然而，经验表明，在这个领域的建议收效甚微，只有适当强制执行的标准才是有效的。

第三节　一种新的金融中介形式

　　资产证券化使存款吸收人将长期储蓄存款投资于可交易证券。不是存款吸收人的金融经营者也能够这样做，但在承受证券化（或者传统证券）风险的同时，还要承担额外的流动性风险。

由于不是存款吸收人，事实上它们必须通过短期借贷融资来获得这些证券。其他的经营者（或者可能是相同的主体）不必购买就可以承担某些证券的全部或者部分风险，他们将通过衍生品市场来达成这一目标。通过这种方式，越来越精细化和微型化地承担金融风险变为可能，并使得金融机构的活动变得专业化（就像"劳动分工"使非金融企业的专业化变为可能一样）。与传统银行中介并行，一种新的中介形式（如今被称作"影子银行"）在最近几十年取得了长足的发展。与我们有时所接受的信念相反，此类证券和风险的流通仍然受到货币约束的影响。与银行不同，影子银行并不能创造货币，且其发展依赖于其运用现存货币资源的能力。我们将看到，影子银行的功能还表现在：为了使这些资源以此种形式被那些希望这样做的人所持有，其对应的贷款所涉及的风险需要由其他人来承担！然而，由于自身的性质，影子银行这种新的中介形式特别容易受到其经营者对风险态度改变的影响。

风险承担机制

影子银行业的金融经营者高度多元化，但他们有一个共同点：像银行一样，他们会在特定时间内承担金融风险，使用的资本少于获取与这些风险相关的证券所需的资本。我们现在想简要回顾一下的正是这些"杠杆化"的风险承担机制［Brender & Pisani，2007］。

让我们以一个简单的例子开始。一个交易者决定承担1000份5年期固定利率的公司债券的风险，每份价值为1万欧元——显然是希望获得收益。这些证券有两个相关风险：其一是利率风险（如果未来某个时间"无风险"证券的利率上升并超过了其当前的预期，那么债券的价值将下降），其二为信用风险（如果未来某个时间，发行公司失败的可能性增加，无风险利率所附加的风险溢价将上升，那么债券的价值同样将又一次下降）。如下图所示，为了承担这些风险，我们的交易者可以在货币市场借入1000万欧元的短期资金并购买1000份债券。这样做的话，他会发现自己所处的局面就像是银行把1000万欧元贷给同一公司，如同银行一样，他现在也要承担信用风险和利率风险。然而，由于我们的风险承担者不像银行一样有能力创造货币，他不得不从货币市场借入1000万欧元的资金以完成购买交易。这意味着他必须承担一个额外的风险——流动性风险，并且他无法像银行一样在必要时可以从中央银行再融资。如果明天这1000万欧元的出借人不再希望延长贷款，而又没有其他人同意把这笔债权接过来，我们的风险承担者将别无选择，只能出售其购买的债券，并承担可能的损失。作为承担风险的回报，他将获得公司债券发行者所支付的固定利率与货币市场每日都在变动的利率的差额。如果他接受这一局面，显然是因为他确信这一利差作为其所承担的风险总量的回报已经足够大。

风险链条：风险承担者为了购买公司债券而借款

最终借款人 （企业）	信用风险与利率风险承担者	货币市场基金		最终放款人 （家庭）
债券 发行	债券 购买	货币市场短期借款	货币市场短期放款	货币市场基金份额发行	货币市场基金分额购买
债券利率 →	债券利率 →	短期利率 ------>	短期利率 ------>	短期利率 ------>	短期利率 ------>

然而，风险承担者可以承担信用风险和利率风险，而不必为了购买1000万欧元的债券进行借贷。为此，他所要做的仅仅是在衍生品市场通过完成两个合约而达到其想要的局面。第一个是利率互换合约，该合约可以使其在5年内得到以名义金额和合约签订日的利率（当日所记录的5年期"无风险"利率）计算的利息；作为回报，他承诺以相同金额支付利息，但以货币市场的隔夜利率来计算。

第二个合约是信用违约互换（或 CDS），据此换取五年期内所得的溢价（以签约时定的利率计算，适用于 1000 万欧元名义金额），风险承担者需要补偿在公司违约情况下这一"保险"契约人引发的损失。

一般而言，如果各类市场的流动性充足且是有效的，承担风险者所获得的回报在上述两种情况下，应该是大致相同的：之所以说大致，是因为第一种情形他将承担一种额外的风险（对于流动性风险，他将获得正常的回报），另一种情形他将承担一个额外的成本①（以保证金存款的形式固定货币资源）。依靠这种机制，除传统形式之外（或者代替传统中介形式），这种新的金融中介形式承担了相当数量的风险。

衍生品市场

能够使每一个参与者摆脱不必要的风险，同时能够更好地控制保留下来的风险，衍生品市场在这方面发挥了重要的作用。投资银行内部在评估并承担特定形式的风险（CDS 市场的违约风险、互换市场的利率风险）方面越来越专业化的参与者已经因此出现。那些对此类风险进行评估的机构，即商业银行，甚至有时依赖"市场评估"，而不是依赖其内部分析；而且对于评估其将要发放贷款的企业的信用风险，他们也越来越频繁地依赖于 CDS 市场［Ivanov et al.，2014］。同时，利率互换也越来越多地被用作定义无风险收益曲线的基准。

评估衍生品市场的运营规模是一个棘手的问题。市场现存合约的名义金额是相当大的。2014 年初，交易所交易市场大量的潜在交易金额达 72 万亿美元，而场外交易市场则超过了 700 万亿美元。然而，后一个庞大的数字是具有迷惑性的。市场参与者

---

① 随着时间的推移，与互换交易挂钩的交易对手风险被忽略掉了，但是在本章的结尾我们还将重新分析这一风险。

希望在到期之前进行平仓，因此进行了相反方向的操作，这为合约的形成提供了错误的信号。开仓头寸的总市场价值市场上不到20万亿美元，而将参与者的结算协定纳入考量之后，这一数值降到了3万亿美元。这些数字表明了在复杂的金融系统中衡量流通的风险数量的难度，也表明这种循环导致交易数量的上升。

如同有组织的市场一样，场外市场上大多数风险的转移都涉及利率。过去十多年，信用违约互换合约的名义金额增长迅速，2004年至2007年从6万亿美元增长到60万亿美元，2013年回落到20万亿美元。在总市值的基础上，它们仍仅相当于利率合约总价值的十二分之一。

风险承担者的货币资源运用

新的金融中介不仅仅基于衍生品市场，同时还基于风险承担者的介入，其通过前面所述的机制类型对银行活动进行复制。这些活动涉及短期借款并用之购买债券，而现在它们需要承担债券风险。它们可能故意地或者更多地基于"技术"原因而持有该头寸，对冲基金是第一类中最明显的风险承担者。诚然，它们是储蓄的吸收者（投资者将资金委托给它们），但这与股权资本在银行所发挥的作用是一样的，意味着它们可以为了购买证券而借入更多的（有时候是大量的）委托资金，利用杠杆效应为客户获取诱人的收益，当然其代价是承担大量的风险。与对冲基金并存的是银行创造的资产负债表外工具（通常为了避免审慎限制），两者以相同的原则运行。

第二类风险承担者包括在一个或几个证券市场中活跃着的中介机构或者专门交易某种特定证券的"做市商"。这些交易者长期持有大量的证券（用于交易），持有这些证券的资金来源于借款。而那些已购但等待证券化的"库存"贷款也拥有相同的金融"渠道"：像商品库存一样，这些库存由"商业票据"（这里是资产支持的商业票据）的发行提供资金。

为了购买证券，所有的风险承担者必须有能力对其进行支付。为此，他们通常凭借特殊方式的借贷获取必要的货币资源，即回购协议。所谓的"回购市场"由来已久（回购为"回购协议"的简称）。早在 1918 年，美联储就用回购来达到注入或回收流动性的目的。这些回购已成为金融机构之间最常用的融资方法。这一回购操作包括在卖出证券的同时承诺未来以预先设定的价格购回（反之，则称为"逆回购"）。这使得银行只需以"回购率"支付报酬，就能应对临时的流动性需求，或是作为风险承担者，为持有证券组合提供资金（专栏 7）。折扣（扣减率）应用于充当抵押物的证券的市场价值，目的是保护贷款人，防止证券价格的下跌。这一操作使得贷款人能够以非常安全的方式投入短期闲置资金：即使借款人在继续承担风险，证券作为抵押实际上"已经交付（实现收益）"。

这一市场的数据是不完整的，且通常不适用于国家或地区间的比较。特别是国际资本市场协会（International Capital Market Association，ICMA）[①] 的数据涉及双重计算：一家银行的正回购可能是另一家银行的逆回购。21 世纪初以来，根据最常用的估算，回购市场被认为超过正常值两倍，在 2007 年底，美国达到了 10 万亿美元，欧洲达到 7.5 万亿美元 [Hördahl & King，2008]。2014 年 6 月以来，美联储为美国市场提供了一个更加精确的估计方法（对双重计算的调整），其结果更为适当，至 2014 年底，其未偿付金额差不多是 4 万亿美元。在这一市场上，公众证券或准公众证券（美国为财政证券或机构证券）被用作大部分交易的担保品。

---

① 译者注：国际资本市场协会（International Capital Market Association，ICMA）是由国际资本市场参与者组成的全球性自律组织和行业协会。业务范围涉及制定和实施国际金融市场固定收益产品和相关金融工具发行、交易、结算等环节的自律准则和行业规范。

专栏7 新中介以及货币资源的循环

影子银行部门与传统银行中介存在一个本质上的区别，即它事实上不能创造货币。那些准备好承担风险的人必须不断地通过借款获取融资头寸，而在大多数情况下，这一借款将由证券担保。在金融系统中，抵押贷款成为流动性循环中最常见的方法。下面的例子就是各种各样的循环，通过这些循环，系统某部分中的可用资金可用来资助风险承担者的头寸。

让我们假设银行发放一笔10000欧元的汽车贷款，其资产负债表如下图所示：

银行

资产	负债
贷款 10000	存款 10000

借款人使用这笔贷款购买汽车，而汽车公司以此销售收入投资于货币市场基金（见下图）。如果银行不愿看到其央行账户贷方余额的减少，它必须找到与其刚刚撤回的存款等值的金额。

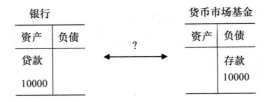

银行可以通过多种方式做到这一点：通过发行货币市场基金可以获取的存单（如下图所示），通过同一基金的回购等。

银行			发行者　投资者	货币市场基金	
资产	负债			资产	负债
贷款	存单的		货币市场	存单的	存款
10000	发行			购买	10000
	10000			10000	

在出售给风险承担者之前（如下图所示），银行仍然可以证券化其贷款。风险承担者所面临的问题显然是购买所需资金的借贷需求。为此，他将不得不运用货币市场基金提供的资金。然而，他没有理由接触这个基金。回购市场将使得部分金融市场的可用流动性能够向他的方向转移，一连串交易结束时，很可能由同一担保品[1]提供支持，然后，担保品和流动性将在金融系统中朝相反的方向循环。

银行		风险承担者		货币市场基金	
资产	负债	资产	负债	资产	负债
~~贷款~~	~~存款~~	证券化贷款	抵押借款	抵押贷款	存款
~~10000~~	~~10000~~	10000	10000	10000	10000

抵押品的重新利用有时被错误地认为是"现代形式的货币创造"[2]，这些交易并没有创造任何货币。货币创造的唯一来源是银行发放的贷款。现实中，不论存款在什么地方，也不论在任何时点上承担与贷款相关风险的经营者是谁，这些交易仅仅允许初始存款继续"资助"已经发放的贷款。由此，金融交易余额流通的速率将上升。然而，这些操作确实增加了交易对手的风

---

① ＊为了简便起见，这里假定抵押品将不打折扣。

② ＊＊Singh & Stella［2012］认为，在这一点上，"这一抵押担保创造信用的方式与传统银行货币创造过程类似"，后来认识到，"抵押支持信用并不会增加货币供给"［Singh，2013］。

险，进而使得金融系统的风险增加。最后，应当指出的是，他们的发展受到用于抵押的证券的可接受性及其折现率的限制。抵押品的缺乏阻碍了流动性的循环，从而减少了风险承担者能够融资的头寸。

货币资源的提供者

　　风险承担者所需资源的提供者可以分为两个主要的类别。第一类由那些寻找安全投资的人们组成。他们的主要目标是保障其资本的价值，至少在美国他们可以选择银行存款〔联邦存款保险公司（FDIC）保证的额度比他希望投资的额度小〕或者持有国库券（其总量相对较小）；第二类交易者更具投机性，他们试图提高其所管理的证券投资的收益。

　　大型的非金融企业属于第一类。利润所占 GDP 份额的上升，连同投资商品价格的下跌，使得企业形成了大量的现金余额。至2013 年底，美国和欧元区的非金融企业的现金余额估计达到了 5 万亿美元。这些款项在不同类型的短期投资之间的分配方式存在自然的差别。由美国财资管理专业人士协会（Association for Financial Professionals）进行的一项调查表明，美国企业财务主管所作出的选择往往更加注重安全目标，而非提高收益。

　　大型公司并非唯一一个在寻求其投资的流动性和安全性的组织。下列机构同样如此：拥有外汇储备可用于投资的货币当局、按照规定有可用流动性资源的商业银行、衍生品市场汇集保证金存款的清算所，以及同样持有大量流动性资产的资产管理公司。2014 年初，美国和欧元区的这些公司（不包括货币市场基金）共持有大约 1.5 万亿美元的流动资产。这一数额虽然相当大，但并不意味着这些公司对其流动性偏好的增加。在美国，自 21 世纪初开始，流动资产在其总资产中所占份额一直保持稳定，但其绝对量却大幅提升。这些流动资金在某种程度上构成交易余额，在某种程度上又是证券借贷业务的结果（专栏 8）。通过借出证券，这些投资公司获得现金。然后，他们将这笔现金用于投资（期限很短并且通常以回购的形式）以提高他们资金的收益率。养老基金和保险公司（和它们一样，持有大量的证券，特别是股票）将会进行同样的操作。

随着时光的流逝，大量流动性资产也因此逐渐累积。波萨〔Pozsar，2014〕估计仅仅美国的这些资金池就达到大约 6 万亿美元。这一累积使得我们能够理解影子银行部门所能运用的货币资源的起源，特别是美国影子银行的发展使对日益增长的安全性和流动性资产的需求成为可能，而传统银行无法满足这些需求。影子银行部门做出的反应是借款，以获取那些拥有货币资源的部门不希望持有的证券。因此，影子银行为金融部门提供了额外的自由度，使其能够将所寻求的投资的风险与已获得的融资的风险区分开。

当然，这种分离是传统金融系统的基本功能，但它执行的能力受到了其可支配的股权资本、其自身的特殊行为和审慎性原则约束。当这一能力饱和且人们对风险的态度有利时，影子银行部门就成了行业领跑者，至少在一段时间内如此。然而，它的贡献基于特别脆弱的机制。它所做的转化行为（通过短期借贷以便购买证券）事实上并非基于传统金融系统所使用的任何信息资源，并且其经营者通常并不喜欢向中央银行再融资。对风险态度的改变在任何时候都会导致风险承担者减少其持仓头寸。

与此同时，如果没有人准备取代它们，将引起连锁反应。当放贷人变得更加谨慎，作为抵押品的风险证券的价格下跌时，为了偿还它们的借款，证券持有者开始廉价抛售证券。这意味着其他风险承担者将陷入困境。于是，在未出现宏观经济平衡严重失调的情况下，系统性危机有可能被触发。然而，将之仅仅归罪于金融经营者的贪婪，特别是影子银行部门的投机者，就是忽略了一个事实，那就是在一个传统金融系统的风险承受能力达到饱和的经济体，正是它们的活动使得处理集中于不愿承担任何风险的机构手中的大量累积的储蓄成为可能。

专栏8　证券借贷市场

自20世纪90年代初开始，证券借贷得到了迅猛发展。根据风险管理协会（Risk Management Association）的统计，2011年未偿总额为1.8万亿美元，其中美国证券占所借款项超过三分之二。

同回购协议一样，证券借贷是一种以担保为基础的融资，担保品可以是另一种证券或者现金。后一种情况，交易与回购极为相似，部分的区别在于抵押物品的性质，其通常以股票的形式出借证券，而回购则主要涉及债券。然而，最主要的是动机不同。回购是对融资需求的响应（回购的担保品作为经营的术语实际上常常是等价证券，而非初始借出的证券），而证券借贷是对某一特殊证券搜寻的响应。这相应地可能有几种解释：轧平衍生品市场头寸的需要；为避免交付误期（如未按期收到其已同意交付的证券）；或者卖空证券。

在股票市场上，卖空是证券借贷的主要原因[①]。借入股票的销售收益将立刻分派给贷方（养老基金或者保险公司），它们通常将收到的资金在回购市场上作为担保进行再投资。这意味着回购市场和证券借贷市场的联系比乍看之下的情形紧密得多。

卖空在价格发现过程中的作用是有争议的。一些研究强调，当卖空受到限制时，证券价格对负面消息的调整不那么快。通过检验卖空受到管制或者甚至是完全禁止的市场，贝伯（Beber）

---

① 自美国2008年和欧洲2012年末禁止"裸卖空"以前，这些操作实际上成倍增加了。"裸卖空"使得交易者可以出售事先未曾购入的股票。至少在理论上，他可以无限量地这样做，从而显著地推低股价。如果在出售完成后的三天内，交易者不能事实上交付该股票，他不得不对该笔交易违约，并且该操作将一直保持悬而未决，直到他实际交付这些股票或者通过货币的支付来终止这一头寸。

和帕加诺（Pagano）［2011］也注意到，除了降低流动性之外，特别是在价格下跌阶段的价格发现过程也将放缓。此外，当市场处于下跌时，对卖空的禁令似乎并没有降低价格的下跌速度［Battalio et al.，2012］，同时似乎也存在很大的副作用（交易成本增加，流动性降低，尤其是对某些公司欺诈和利润操纵行为检测的减弱）。然而，卖空的有些作用可能是积极的，另一些则更加模糊不清。卖空有可能加速，甚至引发不必要的价格下跌；通过增强货币资源在金融经营者之间的流通，卖空往往也会加剧系统性风险。

第五章　货币约束、金融全球化与世界经济增长

　　金融系统的结构远未达到世界性统一。决定贷款分配和相应的风险或融资需求再分配的信息和决策机制为每一个经济体提供了其独特的融资渠道。此外，它们通常所依赖的实践和惯例在不同国家之间存在差异。有些情况下，银行贷款主要采用浮动利率，而另一些情形可能采用固定利率；有些情况下，它们发行资产担保债券以摆脱长期贷款的利率风险，而另一些情形公共部门提供的担保会减轻它们的信贷风险；有些情况下，公司倾向于在市场上借款，而另一些情形则向银行贷款，等等。这种多样性，再加上非金融部门的行为差异，会导致更深刻的差异，货币政策就是通过这样的方式影响实体经济。诚然，在任何情况下中央银行都会努力确保，借贷融资的支出随着经济处于充分就业时部门希望进行的投资而增长。即便如此，对政策利率变动的响应在很大程度上取决于融资渠道的性质。

　　在全球化的世界上，这可能产生意想不到的后果。让我们假设，就像21世纪初的情况那样，某地区收入迅速增长时，其融资渠道发展水平较低或部门不愿意借款，则地区易于积累大量的储蓄。那些地区为充分调动其增长潜力，不得不成功地"出口"部分储蓄给金融渠道可以处理更大量的贷款资金或者机构更倾向于借款的地区。此外，如果建立在储蓄地区的金融投资是相对无风险的形式，而至少部分相关的风险是由在世界其他地区的风险

承担者承担时，这些储蓄的转移才会发生。发生在 21 世纪初期
的金融危机清晰地表明了，金融全球化所与生俱来的风险
[Brender & Pisani，2010]：转移的大部分储蓄被浪费了，并且拥
有大规模贷款分布的国家，其所应用的渠道受到了严重的破坏。

　　事实上，在接下来的几年，许多地区将面临一个趋势，那就
是如果它们以潜在的速度增长，它们产生的储蓄会远大于其自身
能够吸收的数量。为了使货币约束不会限制世界经济的增长（如
同在第一章中，它限制了我们村庄经济的增长），在世界其他地方
产生的贷款量将与潜在的可用储蓄量相一致。然而，为了实现这
一目标，如果要避免另一场金融危机，就有必要构建新的融资渠
道并确保产生的储蓄不只流向被既定的惯例所吸引的地方。

第一节　货币政策和金融全球化

　　更自由的贸易与更自由的资本流动相结合，为中央银行提供
了一个额外的杠杆。如果一家央行为了刺激国内的经济而降低利
率，但是别国未跟着做，前者的货币将提供并不诱人的收益且趋
于贬值。这种贬值将有助于维持第一个经济体的生产活动，但这
明显是以牺牲世界其他国家的经济活动为代价。货币政策的传导
也通过对汇率的这一影响而实现。它的影响不仅取决于经济的规
模和开放程度，也取决于世界其他国家的反应。如果其他地区的
经济活动增长趋势过快，在第一个国家的降息所导致的货币升值
将是受欢迎的。否则，如果希望避免经济增长放缓，货币当局会
被鼓励降低其政策利率。它们这么做，就会减弱（甚至消除）
其货币升值的压力①。然而，汇率变动的最终结果较弱并不意味
着最初的货币宽松政策是没有用的。当世界的经济增长低于其潜

---

　　①　这个相互作用的力量使得任何针对货币政策效果的实证评估变得复杂，并且解释了汇率
对利率的敏感性估计通常很小 [Boivin et al.，2010]。

在水平的时候，第一个央行的举措将促使其他国家刺激国内需求①，同时采取行动，但不一定必须以协调一致的方式，这将有助于使世界经济接近充分就业状态下的水平。

不同经济体商业和金融的交织使得相关的货币政策和金融系统产生深远的国际影响。通过使储蓄的国际转移成为可能，中央银行希望能够调节其自身的经济活动帮助世界经济作为一个整体（不一定是故意的），接近其增长潜力。21世纪初的情形即如此，那些往往不把所有的收入都花掉的国家（石油生产国、中国、德国等），由于各自不同的原因，其占全球收入的份额增加了。这种演变促使其他地方的中央银行保持低政策利率以阻止其经济与充分就业水平产生较大偏离，并阻止其在全球收入中所占份额的减少［Brender & Pisani，2010］。针对这些低利率，一些部门增加了其债务，这最终意味着把花钱较有节制的经济体的储蓄借过来，否则这些储蓄不会产生。这样，储蓄过剩的国家能够将盈余部分输出，否则将抑制其经济增长。从这方面来讲，实际上世界经济就像我们的村庄一样，如果有人打算借钱，那另一些人就只能储蓄。贷款总是创造存款（即便存款来自世界其他地方），并且一些国家的赤字总是与另一些国家的盈余相对应！

然而，现实世界在货币与金融组织方面却与我们的村庄完全不同。不是一种货币、一个中央银行和一个商业银行，而是由并行的货币区域和金融系统构成，每一个货币区域都有其自己的中央银行（欧元区则是几个国家一个央行）。如果不注意，世界某个地方虚拟盈余中的储蓄可能会资助某些国家的借贷，这些国家的金融渠道将货币刺激极为迅速、有力地传导给对这些刺激敏感的部门，即家庭。20世纪90年代中期开始的储蓄资源国际转移的增多，清楚地说明了这一点。在获取借款特别容易的那些国家，家庭借贷的惊人增长使这些成为可能。在1997—2006年，

---

① 当然，如果在世界其他地方的政策利率已经在谷底，事情变得越来越复杂！

仅仅四个国家的经常账户余额（美国、英国、法国和西班牙）的恶化就达到了9000亿美元，或者约占这段时间内所观测到的经常账户恶化总额的四分之三，而这四个国家的 GDP 约占世界 GDP 总额的 40％。这主要可由家庭负债的上升来解释（图26），这种现象并不只局限于这些年。三十多年来，美国经常账户余额的波动主要反映了美国家庭借贷的变化。

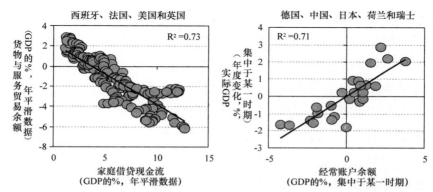

图26　"挥霍型"国家的家庭债务、"节俭型"国家的经常账户余额与经济增长

注：左图数据涉及 1995—2006 年。右图数据涉及 2002—2006 年，拥有最大经常账户盈余的五个非石油出口国（以美元计）。

资料来源：各国中央银行和汤姆森数据库（National central banks and Thomson Datastream）。

　　在金融危机爆发之前的几年，少数经济体家庭借贷的加速使得节俭型国家的收入更加快速地增长。由于 2008 年经济危机之前价格大幅上涨，石油出口国经常账户盈余不断增多，而在制造业出口国（如中国、日本和德国），各部门往往不把全部收入花掉，这些国家在经济增长的同时，其经常账户盈余也在增加（图26）。在这几年里，挥霍型国家中家庭获得的贷款使得节俭型国家得以快速增长，后者积累的存款超出了其融资渠道的分配能力（也超出了其国内部门的吸收能力）。因此，挥霍者的经常性账户的恶化使得那些节俭型国家的经常账户得到改善并加速了其经济增长。

　　在全球失衡持续加重的这些年中，如果仅仅从宏观经济均衡方面判断，贷款总量的增长还不算多：各央行差不多都成功地保持了经济接近其增长潜力。诚然，当时盛行的世界经济的高速增长使得商品市场缺乏防备、价格飙升，但发达国家的潜在通胀并没有出现令人不安的加速现象。这些年是经济大缓和的时期。当几乎所有的国家的支出增长与其潜在产出一致时，支撑这一进程的大部分借款集中在有限的几个国家，他们的家庭对所实施货币政策的反应，有助于支持世界其他地方的经济活动（图26）。挥霍型国家的 GDP 增长 1 个点，其对应的家庭借贷与其他国家经常账户余额的改善是有关联的（并因此导致对该国公司产品需求的增加），等于其他国家 GDP 上升 0.4 个点！

　　在很大程度上，每一个国家的家庭的具体反应可以由其金融系统的各自特点来说明。已经提到的德国和西班牙家庭借贷的演变之间的对比清楚地证明了这点。相应地，如第 2 章所示，这在某种程度上是由于用来传导同一货币政策（欧洲央行的货币政策）的金融实践的差异所致。美国的情况更具启发性，它说明每个经济体可用的融资渠道的不同组成部分发挥着不同的作用。从 21 世纪初期以来，贷款的分配机制以及其所隐含的风险循环的担保之间的相互作用，刺激了美国家庭借贷的稳步上升。从这方面来讲，后者的行为对利率水平非常敏感，不过，它们承担债务的能力也并非是无限的。2007 年前发生借贷的增长之所以能够持续，就是由于有偿债能力家庭的借贷需求完全饱和，而无偿债能力家庭的贷款开始运行。这事实上将使得下述情况变为可能：这些次级贷款被证券化，一旦获批，则意味着它们的风险将由那些并不能获得正确评估所需信息的经营者来承担（得益于一波金融狂热）。

　　这种放任会产生更加灾难性的后果，这是因为这些证券化的贷款被风险承担者获取。要实现连锁反应，需要外部干预，这使得中国或德国的储蓄能够资助美国或西班牙的贷款。在节俭型国家，储蓄实际上倾向于以相对安全的形式被用于投资到相对安全的形式，比如具有不同期限的银行存款。这种类型的投资额越来越大，因为处于不同地方的投资银行、对冲基金和市场运营者承担了储蓄者不愿意承担的风险。风险承担者借入短期资金来购买以这种方式发行的证券，尤其是在回购市场上。一连串这种类型的操作不断更新，使得节俭型国家储蓄的积累作为其他地方所产生贷款对应的资金来源变为可能。要承担这些储蓄的国际转移所隐含的全部风险，需要的运营机构数量越来越多，这至少在一定程度上解释了所观测到的国际总资本流动的加强。自20世纪90年代开始，这种形式的"金融风险承担的国际分工"已稳步发展［Brender & Pisani，2001］。

　　这种情况将如何结束已经无须赘言。低质量次级贷款的暴露以及随后对风险厌恶的增加，导致风险承担者运行所需融资贷款无法再更新，如果他们要偿还其贷款，则别无选择，只能将其所持证券廉价出售。为了使短期存款与长期贷款匹配所需的大量的中介链条开始瓦解。尤其是节俭型国家货币和金融流通的逐渐瘫痪，经济活动的崩溃，使得对"大萧条"的恐惧开始再度出现。虽然是迟来的，但这一态势最终被央行大规模的干预所终止。从2008年底开始，在美国和英国，中央银行完全取代了当时缺位的风险承担者的位置，方法是通过短期借入迄今为止已发放给风险承担者的流动性，以及通过购买后者不得不出售的证券（图27）。

　　过去几十年，创新的引入并没有使得避免特定现象的重复出现变为可能，而这些现象世界经济已经在许多情形下经历过。金融全球化又一次被证实无法在不产生很大程度浪费的情形下，将大量的储蓄从一个经济区转移到另一个经济区。从以这一点来看，最近的经历与20世纪70年代没有什么不同，当时石油美元的环流终止于戏剧性的危机——拉美债务危机。

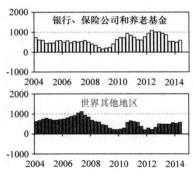
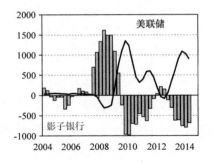

图 27　2004—2014 年美国各部门的债券净购买额

（10 亿美元，每年按 4 个季度进行平滑处理，年利率）

注：此处定义的债券包括国债（含国库券）、机构债券、免税债券和公司债券。此处定义的影子银行系统包括资产证券化机构、ABS 的发行人、投资银行、货币市场基金和其他各类机构（财务公司、房地产投资信托基金等）。家庭通过对冲基金购买的企业债券、机构债券或国债被列入美国基金账户流量家庭部门的一部分。

资料来源：美联储（Federal Reserve）。

第二节　潜在可利用的存款准备

重要的是要从最近的经历中吸取教训，尤其是在过去十年积累的充足的储蓄仍然还有发展空间的时候。事实是，至少几年来，一些国家（主要是新兴国家）在企业增长的前提下，有能力产生大量的且超过其投资能力的储蓄。究竟这些潜在的储蓄盈余是会阻碍世界经济增长，还是相反，能够促进世界经济增长，主要取决于全球化的金融系统有效地转移和分配这些储蓄的能力。

从这一点上来看，用长远的眼光来看问题是有益的。自 20 世纪 90 年代中期以来，储蓄行为在发达国家和新兴国家已经发展得大为不同。作为一个整体，当发达国家的储蓄率倾向于些微下跌时，新兴国家的储蓄却以惊人的方式增长。但是，这种增长并非普遍性的（图 28）：1985—2014 年，亚洲和中东的储蓄率上升了大约 20 个 GDP 点，但拉丁美洲保持相对稳定，欧洲新兴经济体的储蓄率却下降了。

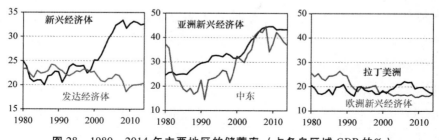

图 28　1980—2014 年主要地区的储蓄率（占各自区域 GDP 的%）

资料来源：国际货币基金组织（IMF）。

　　另外，某些新兴地区储蓄率增长的同时，它们所占世界收入的份额也在增加。随着时间的推移，亚洲新兴经济体和中东在世界储蓄中的比例也相应地不断增长：1995 年这些地区的储蓄额仅占世界总量的 10%，而到了 2014 年则几乎达到 40%（图29）。

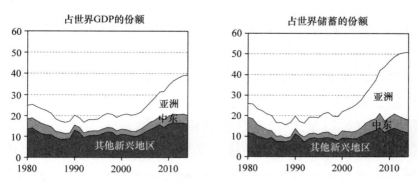

图 29 1980—2014 年新兴国家占世界经济和世界储蓄的份额（%）

注：所占份额按照当时的价格和汇率计算。

资料来源：国际货币基金组织（IMF）。

　　某些新兴经济体拥有大规模储蓄的倾向能持续吗？这在很大程度上取决于它们的经济增长率。事实上，这些国家（最好的例子是前文提到的中国）经济增速越快，其储蓄往往越多。这一关系的发展趋势看上去令人惊讶，并且与经济分析中用到的一些模型相矛盾。根据具有说服力的新古典供给模型（例如"索罗模型"），储蓄与增长间的因果关系表现为储蓄带来增长，高储蓄可以支持更快的资本积累，进而带来稳定的增长。在那些更多侧重于需求的动态变化的模型中，因果关系的方向是相反的，且这一关系的符号是模糊的。在"恒久收入（permanent income）"理论的情形下，增长和储蓄之间呈负相关：当消费者预期其收入以更快的速度增加时，他们将立即增加消费，这意味着他们的储蓄将下降。在生命周期模型中，经济增长的效应是不确定的，主要看是哪个群体收入增长最快。

虽然经济增长和储蓄之间的关系似乎有些模糊不清，但相应的实证研究却并非如此。越来越多的研究［Bosworth，1993 or Loayza et al.，2000］表明经济增长和储蓄之间是正相关的，经济增长与储蓄存在因果关系。例如，国际货币基金组织最近的一项包含150多个国家的研究表明，21世纪初新兴市场经济体经济的加速增长有助于它们储蓄率的提高［Furceri and Pescatori，2014］。为了解释这一机制的运行情况，学者提出"习惯持续性"的作用：当经济增长回升，家庭发现其收入增长加速，但其不会将消费支出调整到相应的速率，这意味着经济的加速伴随着家庭储蓄率的上升。要注意的是，影响支出的习惯性因素并非仅限于家庭。21世纪初，石油价格的大幅快速上升，导致了产油国政府收入加速增长，并提高了其公共储蓄率。通过使其收入水平远远超过其吸收能力，石油的较高价格导致产油国成为大规模储蓄的输出国［Brender & Pisani，2010］。

经济增长与储蓄的关系

为了更进一步揭示与储蓄率相关的行为——实际上不仅仅限于新兴经济体，我们采用了不同的方法。理论假设是一个经济体的发展水平（根据人均 GDP 来衡量）和家庭金融财富之间存在着相对明确的关联。通过使用处于不同发展水平的大约 30 个国家的可得数据，可以估算出这两个变量之间存在一种相对较强的关系（专栏 9）。这表明，一个国家经济发展水平提升越快，其家庭的平均金融财富增长就越多（图 30）。

专栏 9 金融财富与发展

该专栏的目标是揭示存在于宏观层面的家庭总金融财富（它们的金融资产累计存量）与国家发展水平（根据人均 GDP 来衡量）之间的联系。为了这个目的，用下面的方程来表达这一关系（使用面板数据）：

$$\ln(W_t^i/N_t^i) = a\ln(Y_t^i/N_t^i) + b_t + c \qquad (1)$$

其中，W_t^i 为国家 i 在时间 t 的家庭所持有的金融资产总量；N_t^i 为居民数量；Y_t^i 为其 GDP。

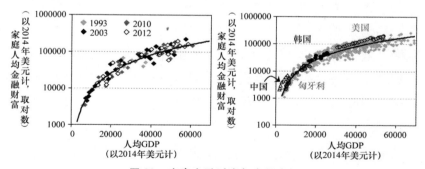

图 30 家庭金融财富与发展水平

注：在左图中，2010 年和 2012 年包含 33 个国家，而 2003 年为 31 个国家，1993 年为 13 个国家；之所以选择这些年份，是为了避免资产价格（此例指股价指数）过度明显地涨跌对估价的影响。右图显示回归中所使用的所有的点。

资料来源：IMF、OECD 以及作者的计算。

为了进行国际跨期比较，所有的变量均被转换为美元为单位，并以 2014 年的价格指数来表示。所有数据均为年度数据，其中，金融财富数据来源于经济合作与发展组织（OECD）金融账户，而 GDP 和人口数据来源于国际货币基金组织（IMF）的世界经济展望（WEO）数据库。所有数据的时间期限为 1982—2012 年，涵盖经济合作与发展组织提供金融财富数据的所有国家（样本包含 21 个发达国家和 10 个新兴市场国家）。

方程（1）的估计仅以人均 GDP 作为解释变量，而不包含固定时间效应或者额外的变量，其对人均金融财富分散（随着时间的变化以及在不同国家之间）的解释度超过 90%。系数 $\hat{a}$ 和 $\hat{c}$ 的估计值非常显著（$\hat{a} = 1.66$，$\hat{c} = -6.26$），并且在不同的估计区间内（1980—2012，1995—2012）和不同的国家组群（新兴国家和发达国家）之间保持稳定。此外，在不同设定下的估计结果均是稳健的。引入时间固定效应后，估计的质量几乎没有改进，估计系数与简化形式的估计结果非常接近（$\hat{a} = 1.68$，$\hat{c} = -6.52$）。

对其他可能解释关于财富在不同国家之间存在差异的变量（人口年龄结构、基金或现收现付养老金制度等）同样进行了检验。把居民人数换为成年人口数量对结果不会产生显著的影响，把用于养老金的公共支出作为 GDP 的份额也不会对结果产生显著影响。股票市场市值占 GDP 的比重是显著的，但该变量的引入对整体结果来说差别不大（重要的是，当股票急剧上升时，如 1999—2000 年，它使得纠正金融资产数量被低估的现象变为可能）。

我们可以使用方程（1）的最简单的形式（无固定时间效应或者额外的变量），来追踪国际货币基金组织（IMF）数据库中的 189 个国家的家庭金融财富自 1980 年以来的变化情况。对于每一个国家，我们估计了人均资产，然后用其结果乘以人口数量。截至 2013 年底，189 个国家的资产数量总计接近 128 万亿美元，虽然这一数值比戴维斯等人［Davies et al.，2013］所得到的数值（147 万亿美元）略小，但绝对数量还是很巨大。

自 20 世纪 80 年代初以来，这一数值是如何变化的呢？其占世界 GDP 的比例已经大幅上升，从 20 世纪 80 年代初的大约 130% 上升至 2013 年的 170%。不出所料，总资产的大部分（约五分之四）都集中在发达国家，但是自 20 世纪初期以来，新兴地区所占的份额快速上升。对个别国家更加精细的观察表明，虽然估计的金额并非总是与实际观察到的金额一致（中国除外），但是前者能大致说明相应国家相对的财富水平及累积趋势。以中国为例，家庭金融财富的估计值大大低于戴维斯等人［Davies et al.，2013］或央行［中国人民银行，2011］所给出的结果。相较而言，它与 2012 年 5 月西南财经大学发布的"中国家庭金融调查"的结果较为接近，在这份报告里，中国 2011 年的家庭总财富为 4.5 万亿美元，这一结果与估计值较为接近（4.2 万亿美元），但仍然远低于中国央行所发布的数据（2011 年为 9 万亿美元）。

事实是，储蓄率并没有明确地出现在这一关系中，但这并不意味着其完全缺席。每一时期所产生的私人储蓄通常是导致家庭金融财富在不同时期产生变化的主要原因。要理解这一点，让我们假定政府和世界其他国家都不是这个国家的企业的所有者，企业唯一的所有者是该国的家庭。我们还假设企业由股东认购的资本数量和留存收益来估价。于是，家庭金融财富将等于它们所积累的金融储蓄加上企业的留存收益（其将间接地增加家庭/所有者的财富）。因此，这一财富每年都将通过它们的金融储蓄以及企业储蓄数量发生变化。如果我们进一步假设不存在住宅投资（意味着家庭的金融储蓄等于其活期储蓄），这一财富增长数量将与经济中的私人储蓄增加量相等。根据这些简化的假设，如果家庭财富的变化与观测到的规律相一致，那么经济增长如何影响私人储蓄率行为将变得非常明显：人均 GDP 的增长速度越快，财富增加的速度也就更快。要想实现这一目标，经济增长速度越快，私人储蓄率就得越高。

　　这一特性解释了经济快速增长的新兴市场国家储蓄率的演变。让我们以一个欠发达的经济体为例，其生产水平（这里由其发展水平界定）距离发达经济体还有很长的路要走。因此其经济增长可能性是事先推导出来的：如果一个国家设法开始增长，而且之后能控制增长，其人均 GDP 会连续好几年快速增长，直到其赶上更加发达的经济体。因此，根据财富和人均 GDP 之间的关系就可以推测其储蓄率，这要看赶超发达经济体速度的快慢：速度越快，储蓄率越高。为了证明这一点，以上述简化的假设为基础模拟一个国家储蓄率变化的轨迹，这一储蓄率取决于上述赶超周期是长还是短（仍然假设其财富的变化明显地遵循观测到的关系）。在两种情况下，当欠发达经济体达到特定的人均 GDP 水平，其财富也会实现赶超，但是由于第一种情形达到这一水平的速度比第二种情形更快，如果追赶速度更快，而非更慢，其储蓄率也将更高（图 31）。

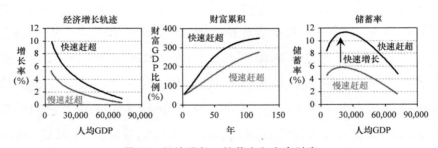

图 31　经济增长、储蓄率和家庭财富

注：在"慢速追赶"轨迹上，国家的持续增长率仅为"快速追赶"国家增长速度的一半。

资料来源：作者的计算。

　　经济快速增长的新兴经济体（特别是那些亚洲国家）所面临的问题，在金融危机的动荡之后变得更加容易理解了：鉴于其赶超速度异常快，它们产生的储蓄大量超过投资需求，如果世界其他国家准备吸收这些储蓄盈余则它们能够保持稳定的增长——就像21世纪初的前几年那样 [Brender & Pisani, 2010]。由于金融危机引起的后果,这种吸收能力遭到怀疑,七年之后,这种能力也远未恢复。

第三节 构建新的融资渠道

2008年金融危机使发达国家的家庭借贷锐减,其不可持续的特点被无情地暴露出来,随着支出意愿的突然降低,私人储蓄率急剧上升,经常账户赤字大幅下降。面对产生的经济衰退风险,为支撑生产活动,政府接受了预算平衡恶化的结果。然而,它们随后又将其借贷恢复到可持续发展的轨迹上 [Brender et al., 2012]。通过调整平衡预算的速度,使之与私人储蓄行为恢复正常的速度相适应,美国促使其经济恢复增长:政府逐渐减少赤字,同时不断吸收私人部门的过剩储蓄,以防止其抑制经济活动。

与美国不同,欧元区国家旨在更加迅速地减少预算赤字,而不担心私人部门的支出倾向将要恢复正常的速率如何,甚至在2011年决定加快再平衡过程。这种周期性管理的灾难性后果会很快显现出来。初期的复苏希望破灭,欧元区国家经常账户平衡进入实质性的盈余,而美国则将其稳定在危机后的水平。

从这角度来看,从2011年4月至2014年10月,国际货币基金组织对欧元区的经常账户平衡所做预测的修订是令人深受启发的。这些修订很明显地反映了这些年来私人部门的"非李嘉图"行为:急速地削减公共赤字未能刺激它们减少储蓄——结果恰恰相反!至于新兴地区的储蓄输出,21世纪初金融冲击的后果很容易描述。美国经济吸收世界其他地区储蓄的速率急剧下降，而欧元区国家的经常账户仍然处于先前的平衡状态，其对于吸收新兴地区的盈余完全没有贡献，现在反而轮到它们成为储蓄的输出者（图32）。

面对这一突然的变化，新兴地区别无选择：在世界其他国家突然中断借贷的影响下，为了避免过大地削弱其增长，它们只能采取紧急措施，通过刺激国内借贷来提升需求。在私人部门的借贷快速增长之前，政府首先扩大财政赤字，领先于世界其他国家。于是，在2008—2013年，美国私人债务下降了14个GDP点，但中国上升了将近70点！

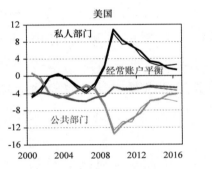
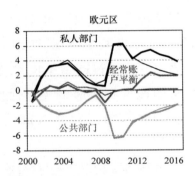

图32　对2000—2016年 IMF 关于储蓄倾向和经常
账户平衡所做预测的修订（GDP 的 %）

注：淡色线显示 IMF2011 年 4 月的预测；粗线是 2014 年 10 月的预测。

资料来源：IMF。

不过，这几个新兴经济体的国内借贷迅速上升暴露了其金融体系不发达的状态。那些储蓄输出国家（尤其是中国）的金融体系很初级，主要针对融资公司。因此，对快速增长的贷款保持控制是一项十分棘手的工作，尤其贷款增长在很大程度上通过家庭贷款实现。十年前韩国的情形已经证实了这一点，当时韩国突然引入基于信用卡的消费信贷。从 2010 年开始，中国货币当局不断努力使用行政手段调节和改善贷款的分配则进一步说明了这一点，特别是，除了受到官方监管的传统银行体系之外，很少（或没有）受到任何监管的影子银行体系发展迅速，而影子银行的部分目标就在于规避银行调节贷款分配的规则。

信托公司在货币资源流通中的作用在某方面类似于前一章讨论过的风险承担者。信托公司（事实上，其通常是商业银行的化身）以这种方式帮助高风险的房地产项目获取融资或向企业提供贷款，而那些企业则明显处于产能过剩状态（钢铁、造船等）。为了能够借出它们不能够创造的货币，它们不得不通过承诺高额回报的方式，向富裕储户吸引存款。代表第三方的贷款（委托贷款）也迅速增长，这些贷款是银行在资产负债表外筹集的。这使得中国像其他国家一样有可能调动企业所积累的现金池。通过这种方式，公司能够将其现金盈余借给那些没有或不再拥有传统银行贷款渠道的其他企业。2010 年以来，中国的经验表明，一个处于发展阶段的国家要实现融资渠道的快速建设，并使其能传递所创造的充裕储蓄是多么的困难。因此，这些储蓄资金有很大的可能将被浪费掉。

由于不能在国内持续重复利用其可能产生的所有储蓄，这些新兴地区十年来经历了较小的动态增长。每年对 IMF 所做预期的修订再次表明起作用的多种力量是相互影响的。2011 年初，有人预计到这个十年末，这些地区的储蓄盈余将显著增加；2014 年秋，国际货币基金组织预测在相同时间范围内储蓄盈余将实质性地消失，并对中期经济增长前景向下修正 1.5 个百分点（图 33）。就亚洲新兴市场来说，这些修正尤为巨大，中期增长预期将从 2011 年 4 月的 8.6% 降至 6.3%，而对 2016 年经常账户盈余的预期将从 8500 亿美元（约占世界 GDP 的 1%）削减到仅仅 2000 亿美元。2014—2016 年的累积储蓄盈余比 2011 年的预测减少了 1.5 万亿美元！

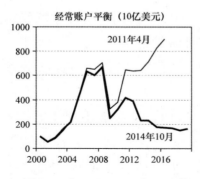
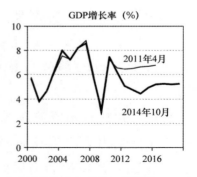

图 33 对 2000—2019 年 IMF 关于新兴地区经常账户和增长预期的修订

资料来源：IMF。

亚洲新兴国家经常账户盈余和增长预期的向下修正，明确地指向了过去十年金融挑战的问题之一，即如何为世界经济提供更加稳健、数量更多、分布更好，且有能力吸收阻碍这些国家（以及更多节俭型经济体）发展储蓄盈余的融资渠道。中国的案例足以使我们了解这一挑战的规模。2000—2008 年，按照特定阶段所能达到的最大增长率来看，中国异乎寻常的快速增长使得经济几乎达到了发展极限（专栏 10）。最近，中国已经从这一边界回落，而 IMF 在 2014 年 10 月的预测表明这一偏离的程度可能会进一步增加（图 34）。事实上，依据中国经济是像以前一样仍然沿这一边界增长，还是延续如 IMF 当前所预测的在边界下方发展的趋势，将会导致其生成的储蓄量产生很大的差别：在后一种情形下，2014—2019 年，储蓄量将会减少 1 万亿美元，而 2014—2024 的十年，则将会减少 3 万亿美元。

这一计算显然是粗糙的。即便这样，它也使我们对这些储蓄可能资助的投资有所了解，也使我们了解了这些未能实现的投资对之前世界经济增长的影响。考虑到下列因素，其对之前世界经济增长的影响会更大：中国不是唯一一个经济增长受过多储蓄牵绊的经济体；2014 年德国的情形与中国类似，其经常账户盈余超过了中国！

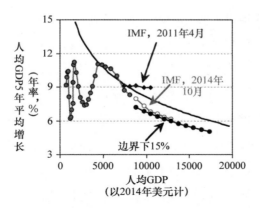

图34　中国的经济增长与其边界的关系

资料来源：国际货币基金组织（IMF），作者的计算。

　　融资渠道需要进行整合和创新，以调动潜在的储蓄资源，这些一定程度上要在节俭型经济体内部实现。针对家庭的贷款（尤其是住房抵押贷款）就是这样，这些贷款对货币政策的传导起着核心作用。而有效的传导需要一个良好的法律和金融环境，以及准备承担相关风险的政府或者私人运营商的存在。在这方面，住房抵押贷款的相关法规、证券化机制的存在及其类型，以及银行系统的状态，是决定性的因素，可以说也是管理当局的监管能力。实际上，国内融资渠道的整合，其目标不仅仅在于改进货币政策冲击的传导，而且还在于提高经济增长的质量。例如，如果将与环境可持续性相关的标准纳入制定贷款决策通常使用的金融信用标准中，情况就会是这样。

　　要想更多更好地利用其能够产生的储蓄，这些经济体除了利用内部既有渠道外，还应该有世界上其他渠道来吸引其储蓄盈余，避免让国内渠道承受过大压力。一定程度上来讲，21世纪初期保证了国际储蓄转移的渠道至少现在暂时已经不再起作用。这意味着必须构建新的渠道，这涉及不同经营者的参与，这些经营者要能够承担各种各样相关风险，并确保能够真正调动潜在的可用储蓄。

当今世界需要应对全球气候变暖，许多新兴经济体实现快速、可持续的赶超所需的投资无法得到满足；而一些发达国家忽略了其硬件的（有时甚至是社会公共的）基础设施建设。因此，通过这些渠道发现潜在的融资领域应该很容易。节俭型国家的储蓄每年能资助数千亿美元的额外投资，困难在于找到愿意承担这些投资所涉风险的人。就这点而言，在21世纪10年代中期，由债券市场发出的信号令人担忧。几十年来，最低的长期利率仅能刺激必要的借贷，用以吸收未能充分发挥其潜力的世界经济产生的储蓄。

这展现了"长期增长停滞（secular stagnation）"威胁的部分起源［Summers，2014］。重点需要放在其矛盾性上，一方面，存在大量的潜在储蓄资源，另一方面，存在明显的投资需求。然而，为了使前者为后者提供融资，有些人必须准备好承担暗含的风险，而这正是障碍所在。在这种情况下，政府通常扮演长期投资者的角色，并通过借贷至少承担其中的部分投资，也就是说，那些投资迟早要提供额外的税收收入或者允许减少预算支出。较低的长期利率水平告诉我们，这正是进行这类投资的好时机。然而，由于担心增加债务风险（有的意识到预算管理很糟糕），发达国家（尤其是欧元区国家）的政府不愿意朝着易受市场情绪变化影响的方向发展。

只有进一步加强国际合作，才能使世界从这个僵局中摆脱出来。如果作为天生的长期投资者的国家政府"不出手"，超国家的长期投资者则可以作为替补出场。然而，为此目的，区域性（或世界性）国际组织必须就投资重点达成一致，同时至少为符合规范的项目所需的贷款提供部分担保。一旦有了担保，这些贷款可以被资产证券化特殊目的公司购买，而特殊目的公司可以发行不同期限的债券，这些债券由一系列相同类型的贷款所支撑，其部分违约风险将得到担保，并且可以被世界任何地方的存款吸收者所购买。通过把储蓄引向从长远看整体可行的项目，这些特殊目的公司将充当最后贷款人（borrowers of last resort），因为在当今世界贷款人非常缺乏。2014 年底，欧洲试图通过容克计划（Juncker Plan）[①] 来树立一个榜样。但是，相对于需要被吸收的储蓄盈余来说，这个计划规模太小了。即使在三年内能完全实现（三年对基础设施项目来讲时间很短），这些投资每年仅仅能够吸纳当前储蓄盈余的三分之一——还仅仅是指欧元区产生的盈余！

专栏 10 经济增长边界

参照布朗代（Brender）和皮萨尼（Pisani）［2010］的方法，我们使用 183 个国家可用的年度观察值重新估计了经济增长的边界，这些数据来自于 IMF 的世界经济展望数据库。在给定的经济水平、最优的管理水平以及能够获取所有必需的储蓄条件下，我们获得的关系界定了一个经济体人均 GDP 的增长水平，其有望保持中期增长态势。更确切地说，1980—2009 年的关系可表述如下：

$$(Y/N)_{[t,t+5]} = -3,5\ln(Y_t/N_t) + 40,3$$

其中，Y_t/N_t 是第 t 期的人均 GDP，对于给定的国家和年度，其度量以购买力平价为基础，以 2014 年不变美元计；$(Y/N)_{[t,t+5]}$ 是该国的人均 GDP 增长值，以当地货币，扣除物价因素后计算，并取未来五年的平均值。

---

① 译者注：欧洲于 2014 年底出台了高达 3150 亿欧元的欧洲投资计划（The Investment Plan for Europe），旨在吸引养老金基金、保险公司和其他主要投资者资助欧洲跨境基础设施项目。由于欧盟委员会新任主席容克（Jean – Claude Juncker）是该计划的主要推动者，因此又称"容克计划"（Juncker Plan）。"容克计划"的实施途径是，通过新设总额 210 亿欧元的欧洲战略投资基金，在 2015—2017 年推出来自包括私营部门在内的约 3150 亿欧元的投资。

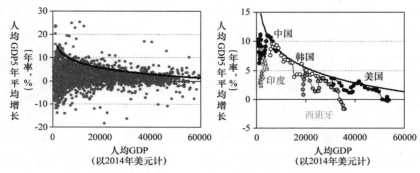

图 35　1980—2009 年人均 GDP 增长边界

资料来源：IMF，作者的计算。

由图 35 可见，这些点的大多数（quasi – totality）将低于边界（很多远远低于边界），有不少甚至低于横轴。因此，后者对应的是按五年均值计算人均 GDP 下降的时段。

这个例子提醒我们，仅仅指望基础设施建设投资来重振世界经济增长可能是徒劳和危险的。考虑到这些项目的延期启动和随后的实施期特别长，如果要对经济活动提供任何显著支持的话，就必须启动大量的工程。认为所有这些可以快速地实现是一种幻想，特别是这些投资并非没有任何不良的副作用（在许多国家经常充斥着腐败［Gros，2014］），并且任何地方都可能突然出现瓶颈。在这里，我们再一次强调审慎和细致的监管是必要的。除了针对耗资巨大、速度注定缓慢的基础设施建设的融资渠道，还应当有其他融资渠道准备就绪，这些渠道（至少是其中某些渠道）执行中的拖延时间要短于前者。

就像为小企业或地方政府融资一样，为低碳经济增长的融资提供了一系列的投资机会［Aglietta，2014］。然而，原则是一样的，即根据多种形式（保险、担保、分档贷款组合等），在区域性或国家层面设置公共或私人机构，专门对项目质量及其是否属于推行的优先项目进行评估，同时承担部分相关风险。因此，债券市场，因在发放贷款以后将贷款出售在承担这些贷款所涉风险中的作用就加强了，而银行的作用就减弱了。尤其在欧元区，金融碎片化将减少。

在公众支持下，承担风险有助于开拓新的融资渠道，但信用风险不是唯一一种此类风险。通过使用可支配的宏观和微观经济信息，布雷顿森林机构（IMF 和世界银行）可以对新兴国家通货波动相关的汇率风险出售保护，当然这些保护必须满足特定的限制，并且在一定规模以及一定的时间范围内可以持续地进行调整〔Brender & Pisani，2001〕。通过帮助稳定其汇率，这一机制使得那些处于赤字但可以很好地管理这些赤字的新兴国家在吸引外国资本时，不必过多担忧。最终，国际金融系统的稳定性将得到加强，而货币政策的传导也将得到促进。通过进一步拓宽可吸收世界储蓄的投资的范围，这一融资渠道会减少其他渠道需要承载的贷款流量。实际上，这正是我们要从所谓的次贷危机中所吸取的教训之一，即仅依赖于少数几个国家的金融渠道来管理抑制世界经济增长的货币约束，在金融全球化的助力之下，只能导致新的灾难！

结　论

　　金融拥有一个基本的功能，即修正货币约束的时机。基于这个原因，它所包含的机制对于维持一个经济体处于增长轨道是必不可少的。但是，这些机制既不够强大，也不像有些人认为的那样是自发的：如果完全任由其自主运行，其运行将经常失败。为了使经济保持在可持续增长的轨迹上，必须有一个公共权力机构长期地规范和监督其运行。然而，近几十年的经验提醒我们，公共干预不能再局限于规范和监督这两个功能：国际资本的自由流动已经在各国金融系统之间创造出了一定程度的相互依赖性，如果想要将一切保持在控制之中，就需要这些国家政府的相互合作。通过允许国际分工来承担金融风险，并使储蓄在各个经济体间的转移变为可能，这一贸易自由化实际上导致私人经营者承担了不断增长的汇率和流动性风险，因此，其对风险态度的微小变化都可能导致全球化金融的稳定性受到伤害。

　　此外，尽管其运行机制复杂多样，但是事实证明，民间金融通常不能把储蓄引向那种能促进真正的增长而不仅仅是惯性增长的投资。事实上，这些机制所依赖的决策程序和信息资源使得他们很难想象一个与现在截然不同的未来。为了使一个经济体（更不用说一组经济体）进入一个新的发展阶段，必须要引入新的融资渠道。自 2005 年以来，制约世界经济增长的储蓄盈余，在一定程度上缘于政府未能做出必要的努力，来弥补民间金融想象力的缺乏。

特别是欧元区国家，在很大程度上忽略了民间金融的这种短视。它们构建了一个货币联盟，却根本没有关注金融的真正一体化。由于缺乏可能使各种融资渠道汇聚成单一债券市场的机制，所发放的贷款大部分被限制在银行的资产负债表中（这些资产负债表的唯一相同的元素就是货币市场）。2010 年前的金融危机表明，这个货币一体化本质上多么脆弱！诚然，欧元体系的介入使得货币联盟能够处理影响银行间关系的障碍，但是却无法阻止私人银行部门的分化或者许多国家融资渠道的堵塞。面对这种情况，欧元区国家采用了一个预算策略，但这不仅没有吸收储蓄盈余，反而导致更多的储蓄盈余！

欧元区的各国政府均豪赌可以通过增强经济的竞争力，推动经济复兴。它们希望通过改善供给方的情况，以获取世界需求份额的增加。然而，赢得这场赌注并非易事。首先，许多国家都有振兴其国内需求的相同愿望，但又都存在很大困难。此外，欧洲企业最近不得不应对的需求停滞，严重抑制了它们的投资。公共投资的大幅削减，也将使欧元区的竞争力受到更大的影响。对货币、金融和实体经济的相互影响熟视无睹，欧元区的各国政府几年来，承担着将其经济维持在通货紧缩边缘的风险。如果明天这种风险变为现实，欧洲央行则只剩下唯一的方法来放松货币约束，那就是将欧元直接发放到欧元区每个家庭的口袋里！

参考文献

Acharya, Viral V., P. Schnabl and G. Suarez (2010), "Securitization without risk transfer", NBER Working Paper, No. 15730, National Bureau of Economic Research, Cambridge, MA.

Aglietta, M. (2014), *Europe: Sortir de la crise et inventer l'avenir*, Paris: Michalon.

Aglietta, M. and A. Rebérioux (2004), *Les dérives du capitalisme financier*, Paris: Albin Michel.

Baltensperger, E. (1998), "Geldpolitik bei wachsender Integration (1979-1996)", *Fünfzig Jahre Deutsche Mark*, Deutsche Bundesbank, Munich.

Bardaji, J., L. Clavel, M. Clément, A.-J. Bessone, B. Ourliac, B. Pluyaud and S. Sorbe (2006), "Equipment investment in France and the euro zone: similarities and differences with respect to the previous cycle", *Conjoncture in France*, INSEE, Folders Note, December.

Battalio, R., H. Mehran and P. Schultz (2012), "Market Declines: What Is Accomplished by Banning Short-Selling?", *Current Issues in Economics and Finance*, Federal Reserve Bank of New York, Vol. 18, No. 5.

Beber, A. and M. Pagano (2011), "Short-Selling Bans Around the World: Evidence from the 2007-09 Crisis", *Journal of Finance*.

Bernanke, B.S. and M. Gertler (1995), "Inside the black box: The credit channel of monetary policy transmission", *Journal of Economic Perspectives*, Vol. 9, No. 4.

Boivin, J., M.T. Kiley and F.S. Mishkin (2010): "How has the monetary transmission mechanism evolved over time?", Finance and Economics Discussion Series, Board of the Federal Reserve System.

Bord, V.M. and J.A.C. Santos (2012), "The Rise of the Originate-to-Distribute Model and the Role of Banks in Financial Intermediation", *Economic Policy Review*, Federal Reserve Bank of New York, Vol. 18, No. 2.

Borio, C. (2012), "The financial cycle and macroeconomics: What have we learnt?", Working Paper No. 395, Bank for International Settlements.

Bosworth, B. (1993), *Saving and investment in a global economy*, The Brookings Institution, Washington, D.C.

Breitung, J., R.S. Chirinko and U. von Kalckreuth (2003), "A

Vectorautoregressive Investment Model (VIM) and Monetary Policy Transmission: Panel Evidence from German Firms", Discussion paper, Economic Research Centre of the Deutsche Bundesbank.

Brender, A. (1980), *Analyse cybernétique de l'intermédiation financière*, Cahiers de l'I.S.M.E.A., série EM, No. 7, Institut de sciences mathématiques et économiques appliquées, Paris.

Brender, A. and F. Pisani (2001), *Les marchés et la croissance*, Paris: Economica.

———— (2007), *Les déséquilibres financiers internationaux*, Repères, Paris: LaDécouverte.

———— (2010), *Global Imbalances and the Collapse of Globalised Finance*, CEPS, Brussels.

Brender, A., F. Pisani and E. Gagna (2012), *The Sovereign Debt Crisis: Placing a curb on growth*, CEPS, Brussels.

Chatelain, J.-B., A. Generale, I. Hernando and U. von Kalckreuth (2001), "Firm Investment and Monetary Policy Transmission in the Euro Area", Discussion paper, Economic Research Centre of the Deutsche Bundesbank.

Chirinko, R.S. (1993), "Business Fixed Investment Spending: Modeling Strategies, Empirical Results, and Policy Implications", *Journal of Economic Literature*, Vol. 31, No. 4, pp. 1875-1911.

Chirinko, R.S., S.M. Fazzari and A.P. Meyer (1999), "How responsive is business capital formation to its user cost? An exploration with micro data", *Journal of Public Economics*, No. 74.

Clausen, J.R. and C.-P. Meier (2005), "Did the Bundesbank Follow a Taylor Rule? An Analysis Based on Real-Time Data", *Schweizerische Zeitschrift für Volkswirtschaft und Statistik*, Vol. 141, No. 2, pp. 213-246.

Clower, R.W. (1967), "A reconsideration of the microfoundations of monetary theory", *Western Economic Journal*.

Cousseran, O. and I. Rahmouni (2005), "Le marché des CDO: Modalités de fonctionnement et implications en termes de stabilité financière", *Revue de la stabilité financière*, Banque de France, No. 6.

Davies, J., R. Luberas and A. Shorrocks (2013), "Global Wealth Databook", Credit Suisse Research Institute.

Denizet, J. (1969), *Monnaie et Financement*, Paris: Dunod.

Fagan, G., J. Henry and R. Mestre (2001), "An area-wide model (AWM) for the euro area", Working Paper Series, European Central Bank, No. 42.

Feinman, J. N. (1993), "Reserve Requirements: History, Current Practice, and Potential Reform", *Federal Reserve Bulletin*, Vol. 79.

Furceri, D. and A. Pescatori (2014), "Perspectives on global real interest rates", *World Economic Outlook*, IMF, April, Chapter 3.

Fuster, A. and J. Vickery (2014), "Securitization and the Fixed-Rate Mortgage", Staff Report, Federal Reserve Bank of New York, No. 594.

Greenspan, A. (2001), "Economic developments", Remarks before the Economic Club of New York, New York, 24 May.

Gros, D. (2014), "Investment as the key to recovery in the euro area?", CEPS Policy Brief, CEPS, Brussels.

Hayek, F.A. (1931), *Prices and production*, London: Routledge and Kegan Paul.

Hall, R.E. (1977), "Investment, Interest Rates, and the Effects of Stabilization Policies", *Brookings Papers on Economic Activity*, Vol. 1, Brookings Institution, Washington, D.C.

Hördahl, P. and M.R. King (2008), "Developments in repo markets during the financial turmoil", *Quarterly Review*, Bank for International Settlements, December.

Issing, O. (1997), "Monetary targeting in Germany: The stability of monetary policy and of the monetary system", *Journal of Monetary Economics*, Vol. 39, No. 1, pp. 67-69.

Ivanov, I., J.A.C. Santos and T. Vo (2014), "Tying loan interest rates to borrowers' CDS spreads", *Simon School Working Paper*, No. FR 13-25.

Jorgenson, D.W. (1963), "Capital Theory and Investment Behaviour", *American Economic Review*, Vol. 53, No. 2.

Keynes, J.M. (1937), "How to avoid a slump", Times series (published between 12 and 14 January 1937), in Donald E. Moggridge (ed.), *The collected writings of John Maynard Keynes*, London: Macmillan Cambridge University Press, Vol. XXI.

Kool, C.J.M. and D.L. Thornton (2012), "How Effective Is Central Bank Forward Guidance?", Working Paper Series, Federal Reserve Bank of St. Louis.

Kothari, S.P., J. Lewellen and J.B. Warner (2013), "The behavior of aggregate corporate investment", Working Paper (available at SSRN, 2014).

Leamer, E. (2007), "Housing is the business cycle", NBER Working Paper No. 13428, National Bureau of Economic Research, Cambridge, MA.

Loayza, N., K. Schmidt-Hebbel and L. Serven (2000): "What drives private saving across the world?," *Review of Economics and Statistics*, Cambridge, MA: MIT Press.

Mankiw, N.G. (2001), "U.S. Monetary Policy during the 1990s", NBER Working Paper No. 8471, National Bureau of Economic Research, Cambridge, MA.

Orphanides, A. (2003), "Monetary Policy Evaluation with Noisy Information", *Journal of Monetary Economics*, Vol. 50, No. 3, pp. 605-631.

_____ (2007), "Taylor Rules", *Finance and Economics Discussion Series*, Board of the Federal Reserve System.

People's Bank of China (2011), "China Financial Stability Report 2011", China Financial Stability Analysis Group.

Pollin, J.-P. (2005), "Théorie de la politique monétaire: Esquisses d'une refondation ", *Revue économique*, Presses de Sciences Po, Vol. 53, No. 3, pp. 507-539.

Pozsar, Z. (2014), "Shadow Banking: The Money View", Working Paper, Office of Financial Research Working Paper, US Treasury, Washington, D.C.

Rajan, R.G. (2005), "Has Financial Development Made the World Riskier?", Proceedings - Economic Policy Symposium - Jackson Hole, WY, Federal Reserve Bank of Kansas City.

Richter, R. (1998), "Die Geldpolitik im Spiegel der wissenschaftlichen Diskussion", Deutsche Bundesbank, *Fünfzig Jahre Deutsche Mark*, Munich.

Schlichter, D.S. (2011), *Paper Money Collapse: The Folly of Elastic Money and the Coming Monetary Breakdown*, Hoboken: NJ: John Wiley & Sons, Inc.

Sharpe, S.A. and G.A. Suarez (2014), "The insensitivity of investment to interest rates: Evidence from a survey of CFOs", *Finance and Economics Discussion Series*, Board of the Federal Reserve System.

Singh, M. (2013), "The Changing Collateral Space", Working Paper, International Monetary Fund, Washington, D.C.

Singh, M. and P. Stella (2012), "The (other) deleveraging: What economists need to know about the modern money creation process", VOX.eu.

Summers, L.H. (2014), "US economic prospects: Secular stagnation, hysteresis, and the zero lower bound", Keynote address at the NABE Policy Conference, National Association for Business Economics, Arlington, VA, 24 February.

Taylor, J.B. (1993), "Discretion versus policy rules in practice", *Carnegie-Rochester Conference Series on Public Policy*, Vol. 39, No. 1, pp. 195-214.

_____ (1998), "An Historical Analysis of Monetary Policy Rules", NBER Working Paper No. 6768, National Bureau of Economic Research, Cambridge, MA.

von Hagen, J. (1999), "A New Approach to Monetary Policy (1971-78)", in Deutsche Bundesbank (ed.), *Fifty Years of the Deutsche Mark. Central Bank and the Currency in Germany since 1948*, Oxford: Oxford University Press, pp. 403-438.

Wandschneider, K. (2013), "Lending to Lemons: Landschafts-Credit in 18th Century Prussia", NBER Working Paper No. 19159, National Bureau of Economic Research, Cambridge, MA.

Wilcox, J.A. (2011), "Securitization and Small Business", Economic Letter, Federal Reserve Bank of San Francisco, No. 22.

Yellen, J.L. (2012), "The Economic Outlook and Monetary Policy", speech delivered at the Money Marketeers of New York University, New York, NY, 11 April.

作者简历

安东·布朗代（Anton Brender）毕业于巴黎第一大学，获经济学博士学位，在巴黎第一大学就职；曾任法国政府智库国际情报与展望研究中心（CEPII）主任；1993年起与弗洛朗丝·皮萨尼合作，发表了大量关于金融全球化和美国经济的文章。著有《全球失衡与全球化金融的崩溃》（欧洲政策研究中心2010年出版）。

弗洛朗丝·皮萨尼（Florence Pisani）毕业于巴黎多菲纳大学，获经济学博士学位，目前在该校任教。

埃米尔·加尼亚（Emile Gagna）毕业于巴黎多菲纳大学，获应用数学及社会科学专业硕士学位，目前在巴黎的一家资产管理公司任职。

＊三位作者现为 CANDRIAM Invertors Group 的经济学家。